伊藤忠

超越财阀的万亿级商业生态体

[日] 野地秩嘉 著
刘善钰 译

中国出版集团有限公司
研究出版社

图书在版编目 (CIP) 数据

伊藤忠 : 超越财阀的万亿级商业生态体 / (日) 野地秩嘉著 ; 刘善钰译. -- 北京 : 研究出版社, 2025. 7.
-- ISBN 978-7-5199-1770-8

Ⅰ. F279.313.9

中国国家版本馆CIP数据核字第2024FY2494号

著作权合同登记号：01-2025-2278

出 品 人：陈建军
出版统筹：丁　波
责任编辑：戴云波　张　璐

伊藤忠：超越财阀的万亿级商业生态体

YITENGZHONG CHAOYUECAIFADEWANYIJISANGYESHENGTAITI

[日]野地秩嘉　著　刘善钰　译

研究出版社 出版发行

（100006　北京市东城区灯市口大街100号华腾商务楼）

北京汇瑞嘉合文化发展有限公司　新华书店经销

2025年7月第1版　2025年7月第1次印刷

开本：787毫米×1092毫米　1/32　印张：12

字数：221千字

ISBN 978-7-5199-1770-8　定价：75.00元

电话（010）64217619　64217652（发行部）

目录 CONTENTS

序章 与员工的约定

建在地铁出站口之上的屋顶 002
巧妙制定目标，全员为之奋起 007
禁止加班并取消弹性工作制 012
亲携“大米与羊羹”，身赴密林之处 017
140 年前创始人便发放福利 022

第一章 伊藤忠的原点

创始人于 160 年前开创之业 028
出身近江的商人们 034
培育出近江商人的宗教土壤 040
传承至今的经营模式 044
巨大的西服市场 050
百年前伊藤忠第二代当家留洋英国之所学 058

第二章 与财阀系商社的不同之处

不可一味重用忠义之士 066
借“大战景气”飞跃发展 070
日本第一商社“铃木商店”之破产 075
经济低迷之际，成立纺绩公司 081

第三章

战争与商社

海外分店业绩萎靡之时，仍向职工发放大额奖金 090
由片假名书写的社史 096
战后销售的肉肠、酱油、干萝卜…… 101
支撑战后商社的人们 108

第四章

从纺织商社迈向综合商社

不向金融界法王低头的钢铁公司 118
业务部 124
女儿的恳望 126
不为人知的贡献 128
入职之初，低调工作 131
濑岛龙三的工作 133
越后正一，伊藤忠的中兴之祖 137

第五章

经济高度成长期的商社之职

商界新人打入社内司令塔 144
将经验植入业务总部 147
比销售与交涉更重要的能力 151
赌上公司命运的石油开发 156
从失败中学会不可依赖假说 162

第六章
挑战汽车贸易
不再重蹈覆辙 170
与美国汽车三巨头的交锋 176
“五十铃·美国通用全面合作”的组织者 182

第七章
石油危机的冲击
商社批判事件的得与失 190
社长决策辅助机制 195
如何让企业这一自愿组成的团体团结起来 200
第一次石油危机和日本第一家便利店的问世 203
与安宅产业合并，深陷东亚石油问题的泥潭 208

第八章
打杂期的经验教训
冈藤正广面临的转机 214
在帝国酒店获得的经商启示 218
商社发展的动力：以市场为导向，占据主动权 224

第九章
泡沫经济的余晖
从贸易转向业务投资 230
自“寒冬时代”复苏 236

第十章
商社排名
综合商社商业模式的变迁 244
冈藤正广对员工的要求 247

第十一章
进军便利店行业
关于投资全家便利店的谈判 254
商流和物流的改进减少了 70% 的配送车数量 259
速度的掌控 264

第十二章
向 IT 事业的飞跃
伊藤忠的 IT 事业 272
竞争加剧也无妨 278
关于 IT 的风险投资 285

第十三章 盈、削、防

危急关头 292
盈利、削减、防范 299
防范的理由 305

第十四章 应有之姿与理想之姿

决定施行脱碳化经营的故事 310
人造肉业务的潜力 314
“游历”过世界各地垃圾场的日本人 322

第十五章 日本与综合商社

综合商社应如何发挥作用以促进日本复兴 332
未附有商品名的内部子公司的设立 335
无法从数据得知的客户需求 341

第十六章
CEO 的决断
判断投资提案的基础在于观察人 348
防范性经营 354
伊藤忠在中国的投资 358
关爱员工家属制度的导入 362

尾章
赏花与祭祀
每年为公司创始人扫墓祭奠 368

参考资料 372

伊藤忠

序章

与员工的约定

建在地铁出站口之上的屋顶

面向青山街的伊藤忠商事（以下简称伊藤忠）的总部大楼就矗立在东京地铁外苑前站的上方，却没有与出站口直接连通。员工们需要从靠近神宫外苑银杏大道的 4a 出站口出站，然后步行进入总部大楼。从 4a 出站口到总部大楼屋檐延伸的地方仅有 3 米的距离，却是通勤的必经之路。这样近的距离，在下雨天就算不打伞，员工们也能小跑两步冲过去，不过，地面湿漉漉的，一不小心就会打滑摔倒。

外苑前站的 4a 出站口建于 1999 年。此后 13 年间，一旦下雨，伊藤忠的员工们便不得不一路小跑冲进公司。

“建个屋顶吧，这样大家就不会淋湿了。”伊藤忠的会长兼 CEO 冈藤正广说了这样一句话。

2010 年冈藤正广出任社长，致力于推进公司内部改革与整顿员工工作环境。他上任后做的第一件事就是仔细排查会议，取消不必要的会议并精简公司内部的流通资料。

在整顿工作环境这一环节上，他所做的就是在地铁出站口和总部大楼的间距处，修建了一个避免员工在雨天滑倒的屋顶。具体事宜需要和东京地铁、东京市政府协商，所以虽然只是修建一个屋顶，却耗费了大量的时间和金钱。不过，大家逐渐感受到了屋顶的好处。即使刮风下雨，员工们也不用再担心淋湿衣服，可以悠然地漫步至公司。

据说，有老前辈皱着眉头批判："社长应该操心的可不是这种细微的小事。"但冈藤正广毫不介意。此后，他仍致力于一步步地打破公司内部之定式，为员工打造更加舒适的工作环境。一点一滴积累起来的细微之变，使员工们的心态变得积极向上，最终改变了整个公司。在冈藤正广就任社长的第 11 个年头，伊藤忠成为日本综合商社之首。

在 2021 年 3 月期结算中，伊藤忠在净利润、股价、市值总额三个方面击败了制霸业界的三菱商事，跃居首位。

当然，为推动伊藤忠成为业界第一，冈藤正广所做的并不仅仅是减少会议、修建屋顶等。他创造出再次加工公司在以纺织为主业时开始生产的产品，增加其附加价值以提高利润的工作模式，并将这种工作模式推广至整个公司。

社长接待室悬挂着写有"盈、削、防"[1]三个大字的匾额，分别指"（实现）盈利、削减（浪费）、防范（损失）"。冈藤正广信奉近江商人，将近江商人[2]的行商原则凝练为

[1] 日语原文为"か・け・ふ"。——译者注

[2] 近江商人，指以近江（今滋贺县）为基地，向全国各地销售本地土特产的商人。与大阪商人、伊势商人并称日本三大商人。——译者注

"盈、削、防"，并践行至今。可以说，正因为冈藤正广能够让员工将注意力集中在经商之攻守上，伊藤忠才得以一跃成为日本综合商社之首。

然而，在2022年3月期结算中，三菱商事重回第一，三井物产位居第二。三井物产、三菱商事均为资源商社，资源价格的暴涨拉高了两者的业绩。对于在纺织等非资源领域更为强势的伊藤忠来说，若想夺得魁首，还得进一步转变思维方式。

虽说如此，商社的财产乃是人力。商社与制造厂不同，没有大型工厂，自然也就没有那么多员工。

只有对人投资，培养人才，才能促使公司成长壮大。冈藤正广选择了培育人才，而不是依赖资源。对于商社来说，这不过是最理所当然的选择罢了。不过，他并没有一味命令员工"咬紧牙关，拼尽全力去干"，而是通过加强信任、促进合作以及与员工做约定这样的方式，从根本上改变了长久以来商社人的生活与工作模式，激发了员工的潜能。他的经营模式不是要求员工严格遵守公司命令，而是重视人与人之间的约定。

一直以来，业界对伊藤忠有以下几种评价：

"源自关西的纺织商社。"

"业界万年老四。"

"最有精神的公司……不过还差点儿意思。"

2020 年 3 月期结算中，有 7 个商社排在综合商社前列，以 3 年（2019 年 3 月期—2021 年 3 月期）的净利润数据为依据，这 7 个商社排列如下：伊藤忠、三菱商事、三井物产、住友商事、丰田通商、丸红、双日。

如果只看这个排序，想必三菱商事、三井物产、住友商事这 3 个商社要坐不住了，恐怕它们无法接受自己位居伊藤忠之下吧。不过，在三菱商事和三井物产这样的财阀系商社工作的商业人士皆为绅士，即便追问其感想，也只会回以沉默，微微一笑罢了。他们心中怕是想着："得把伊藤忠打回到以前的排名。"

与伊藤忠同属一脉，出自同一创始人（伊藤忠兵卫）之手的丸红公司，其员工心中此刻也是五味杂陈。他们可能想着："要是伊藤忠都能成为第一，那我们也……"可惜目前却没有一个明确的办法，想必内心纠结无比。

以上全是笔者的推测。不过，伊藤忠登上首位确实是一件大事，不仅在伊藤忠引起轰动，更动摇了整个商社业界。

综合商社的工作可以大致分为两个部分，一个是贸易，即商品的中介交易和批发贩卖；另一个是投资。这两个部分都需要与人打交道，最根本；最重要的就是交易对象对公司的了解程度及公司的信用度。

是简单地自我介绍说"我是伊藤忠"，然后递上名片，还是不露声色地表示"如今排名业界第一，不过不知道什么时候会掉回第四，有点担心呢”，这两种介绍方式给对方留下的印象自然不同，当然，很明显后一种更好。

之前从未有人预测伊藤忠能够跃居日本综合商社之首。

巧妙制定目标，全员为之奋起

伊藤忠之所以能够在综合商社中夺得首位，归功于世界环境的变化与时运，还有丹羽宇一郎、小林荣三、冈藤正广这三位掌舵人的决策顺应了时代发展。冈藤正广进行了公司内部改革，促使工作模式焕然一新。他将在纺织部门积累下来的成果，通过新的方式注入商业活动中，并在全公司贯彻下去。另外，为改善员工工作环境，甚至关注员工生活中的细节。

虽说这些政策对其他公司公开了,但并没有公司效仿。一个大型企业看到了其他公司提升业绩的方法，直接去模仿的话还是很难为情的。

纵观冈藤正广任职以来的历史，他并没有直接提出过“成为业界之首”的口号。想必这是他在内宣和外宣时深思熟虑后采取的策略吧。任职以来，他曾标榜“进入综合商社前三”，3 年后又提出“努力成为综合商社中非资源型商社第一名”。

一直以来，三菱商事、三井物产、丸红主要是在石油、天然气、铁矿等资源方面强势，伊藤忠和住友商事则是在非资源方面更有优势。在开发经营过程中，资源价格会随着行情形势上下浮动。资源价格下降时，在非资源领域投资占比较高的伊藤忠将更有优势。在2015年3月期结算中，受沙特阿拉伯石油增产等一系列因素的影响，资源价格大幅下滑。因此，伊藤忠占据了优势地位。与之相反，若资源价格上涨，伊藤忠就会处于劣势。从长远来看，化石能源的需求将会逐渐减少。如今，资源商社也在逐步向非资源领域加大投资力度。

在非资源领域取得第一，然后逐渐得到二强商社之称，最后，成为“商社三冠王”（净利润、股价、市值总额均为第一）。他并没有从一开始担任社长时就提出“成为商社三冠王”的口号，而是一步一步，巧妙地制定目标，激励员工奋勇前进。

排名不上不下的企业一跃成为首席这样的事以前也发生过，能够被新闻报道的永远是企业赢得第一的那一刻。

翻阅伊藤忠的相关新闻报道就能发现，冈藤正广陆续发表的一些对伊藤忠有利的信息，很早便引起了记者的关注。因此，记者在伊藤忠取得商社首位之前就见证了伊藤忠的发展。

如果详细追溯记者们的报道，大家就会明白，冈藤正广从来没有给伊藤忠设下不切实际的目标。他不过是细查了伊藤忠创建以来的历史，评估了其能力，以此为基准眺望远景，将目标设在了企业成长的延长线上而已。他对经历了裁员而元气大伤的企业进行了构造改革，使其变得更加顺应当今时代发展潮流。

有了恰到好处的企业构造，再乘上恰到好处的时代之风，伊藤忠得以坐上业界第一的宝座。这并不代表着伊藤忠超越了财阀系商社，它只是在合适的时代找准了合适的定位。

财阀系商社有着雄厚的资金支撑，而且其员工个个是精英，要是轻易就被伊藤忠弯道超车，才让人感到不可思议。不过，近年来资源价格的大幅度波动，经营大环境对于财阀系商社来说可谓十分不友好。三菱商事、三井物产被伊藤忠击败的原因并不是它们的决策失误，而是没有适应时代环境。

历史上有一种笼统的说法是，人类的祖先智人导致了尼安德特人的灭亡。然而，据《灭绝的人类：尼安德特人消亡的原因》（克里夫·芬雷森著，上原直子译，白扬社出版）中所记，智人与尼安德特人并没有进行面对面的对决，人类的祖先也不过是在特定的时代生活在了恰当的地点，才能够延续至今罢了。

书中有这样一段描述："尼安德特人身强力壮，体格魁梧，脑容量也不小，甚至比人类（智人？）的大脑还要发达。（中略）他们能够发出声音进行交流，适应环境的能力也不容小觑。尼安德特人会收集松果，能在水边捕捞以获取食物，还能通过埋伏，捕猎到鹿之类的野生动物。"

然而，随着地球生态环境寒冷化、干燥化进程的推进，森林的面积缩小，平原的面积开始扩大，尼安德特人也渐渐失去了赖以生存的栖息地。与之相对，智人的身体构造更适合在平原狩猎，在平原面积开始扩大之时，人类祖先恰好适应了时代环境。

三菱商事、三井物产通过进口天然气、石油、煤、铁矿，再将其卖给钢铁企业、电力企业来获取巨大利润，这是它们利润来源的支柱之一。伊藤忠原本是纺织商社，很难在利润丰厚的资源领域分得一杯羹。由此，伊藤忠一直以来的合作对象都是纺织、食品等非资源领域的企业，通过一点一滴地积累利润，想方设法运转经营至今。

为积累这些微薄利润，伊藤忠在实践中凝练出了自身的智慧。因此，得以在环境巨变之时一跃成为第一，并且在资源价格大幅波动，厚重的大型产业存在感降低的时代持续发展。

财阀系商社并不是没有觉察到大环境的变化。但不论是对企业而言还是就个人而言，如今，快速将长久以来依赖的利润之源转向其他领域，绝非容易之事。同理，靠森林狩猎得以生存的尼安德特人在发现森林面积缩小之时，是不可能一下子就舍弃森林，移居平原的。

一般来说，工业资源的买卖是一桩数额巨大的生意。与之相比，纺织、食品等行业的买卖，不仅利润少且费时费力。因此，尽管财阀系商社明白需要将重心转移到非资源领域，却总是迈不开步子。

举个例子，时下购买纸质报纸的人越来越少，然而对于报社来说，发行报纸依然是其核心业务，可以取而代之的新业务一直没有被发掘出来。尽管经营文化中心、图书出版等业务，但和报纸相比其销售额还是偏低。报社拼尽全力，绞尽脑汁，情况依旧没有好转。

这不光是出版界面临的难题。不论是哪个行业的企业，舍弃一直以来赖以生存的事业转而在未知领域开发新事业都不是一件容易之事，几乎是不切实际的。

话说回来，虽然伊藤忠是从纺织、食品等费时费力的小买卖开始逐步做大做强的，但是它在资源、机械等领域也取得了一定的成绩。一切都恰到好处。

禁止加班并取消弹性工作制

若有业内其他公司想摘得桂冠，将伊藤忠所做的社内改革、整顿工作环境之举调查一番，取其精华，进行效仿即可。目前还没看到有哪家公司准备效仿，特别是整顿工作环境这一举措，尚未有其他公司引进、学习。

由于业界没有其他公司追随效仿，伊藤忠走上了一条自己的独特之路。如今，整顿工作环境、改善员工生活已经成为伊藤忠的特色。因此，在各大商社，乃至整个业界，伊藤忠成为大学生求职者最受欢迎的企业。

企业决定着大学生毕业后的未来发展方向。毕业生花费大量的时间和精力认真研究各个企业。伊藤忠工资水平高，而且关怀员工，这也许是不少毕业生渴望入职伊藤忠的原因吧。

2013 年，伊藤忠按照公司方针政策，将通勤时间调整为早班型：原则上“禁止”晚上 8 点到 10 点加班，“禁止”晚上 10 点到第二天早上 5 点深夜通勤。由于商社与海外分公司联络时通常会有时差，所以大部分人把深夜通勤视为常事。此外，日本商务人士通常加班后一起去喝点小酒再回家，甚至在某些企业里，加班费就是工资的一部分。冈藤正广通过改革解决了这些问题。

他说：“在互联网时代，我们已经不需要为接打国际电话而加班到深夜了。完全可以通过邮件联络。另外，人不在公司，也可以随时随地接打国际电话。早点下班回家，和家人快快乐乐地团聚岂不更好？公司，是将每一个人的力量集结而成的场所。就像战国时期，武田信玄的骑兵虽然人数较少，但气势极盛，成功冲散敌军取得了胜利……归根结底，最重要的是如何提高员工的士气。曾经有一段时间，伊藤忠的员工一直没什么干劲儿。一个原因是薪水太低，还有一个最大的原因就是会议太多。一直不停地开会，哪里还有时间做买卖？员工每天就只是写会议资料，领导却只是看两眼就放在一边了。这样下去怎么能行？所以，我最先做的一件事就是减少会议。会议减少了，员工也就不用加班了。”

冈藤正广不仅严禁员工加班，还改变了员工习惯性加班到晚上的工作模式，转换成让员工早上较早出勤的模式。负责人事的企划统辖室长岩田宪司见证了公司内部改革的历程。

“冈藤正广在就任社长后，最先做的就是要求减少资料。按照惯例，我们公司会召开一年一度的特别经营会议。以前开会时大概会制作两本像词典那么厚的文件资料，现在，资料只要薄薄的一本。就是因为冈藤正广发话：‘制作这些资料花费了那么多的时间，有这个功夫还不如去联络客户！’他还说过，与其在电脑上做纸上工夫，不如去客户那里，或者去旗下百货店、零售店调查一下消费者的动向。冈藤正广在任职后所做的就是推进思维改革。”

同时，弹性工作制也被废除了。弹性工作制指的是，在保持一定核心工作时间的前提下，员工可以自由安排剩余时间，灵活选择上下班时间的一种制度。冈藤正广废除了这项制度。冈藤正广一向是在早上出勤。2011 年日本大地震发生之时，已过了早上 9 点，但有几名员工刚刚从外苑站出站。当时甚至发生了联系公司时，没有人接电话的情况。“在灾难之际，员工还慢悠悠的怎么能行？有那么多人需要帮助，怎么能连早一点上班，快一点给他人提供帮助都做不到？”他渐渐明白，如果坚持弹性工作制，员工上班时间和下班时间会越来越晚，下班回家的时间也总是在深夜。

“晚上回家太晚是家庭不和睦的根源，而且对身心健康也有影响。”冈藤正广向全公司员工提出了上午早点开始工作，下午早点下班的指示。举措之一便是 2014 年发起的“110 运动”。关于“110 运动”的实施经过，伊藤忠的一位员工介绍道：“韩国三星集团实施了‘119 运动’，员工联络感情时只进行一次聚餐，酒只能选择一种类型，且最晚不超过晚上 9 点。在韩国，烧酒和啤酒混在一起制成的酒被称为‘炸弹’。要求只能选择一种酒，就是为了禁止将不同品种的酒混合。公司员工没有将酒混合着喝的习惯，所以，最终改为聚餐只进行一次，且最晚不超过晚上 10 点。我和我的上司、冈藤社长直接交流过这件事，我们当时提出：‘社长，通常员工聚餐都是到晚上 11 点，10 点前就结束是不是稍微有点早？不如我们改为 111 运动吧？’社长的回复：‘不行，不能这样改。’‘111 或是 123 这些数字不行。如果不使用让人联想到报警 110 或火警 119 这类的数字，警告的作用就没有了。你看，三星集团定的时间是晚上 9 点，那我们就不能定在晚上 11 点，实在是太晚了。’这之后，我们就纷纷表示明白了，然后回到了工作岗位。”

冈藤正广在语言表达和侧重点上都与众不同，天生就能关注到目标达成过程中的细枝末节。正因为作为企业经营者的他，连企业管理中的细节也了如指掌，所以伊藤忠的内部改革才会几乎没有阻碍，顺利进展。

一般来说，就算公司要求员工聚餐“不许超过晚上 10 点”，也总会有员工偷偷喝到更晚的情况。但是，伊藤忠“没有一个人”偷偷延长时间。到了晚上 9 点 45 分左右，哪怕是还在豪爽地大口喝酒的人，也会赶紧开始收拾东西准备回家。这是因为，早班通勤（早上 5 点到 8 点）的员工，会得到与深夜通勤等额的加班工资。1 小时的加班费是正常工作 1 小时工资的 1.5 倍，所以上午早工作 2 小时，员工能够拿到平时工作3小时的工资。如果没有加班费的政策，只是命令员工“早上早点上班”，恐怕没有几个人会执行。

除此之外，还有其他对员工非常友好的政策。比如，一般来说，员工从国外出差回来后，总要先回家收拾、整理一下再回公司，费时费力。为此，公司特意在总部大楼的3楼设淋浴休息室，设置了比酒店淋浴间还要宽敞的休息室，配备了干净的毛巾等。

亲携“大米与羊羹”，身赴密林之处

伊藤忠在海外也派驻了员工。在设有分部的纽约、伦敦、上海等地工作的员工非常多。在一些情况下，资源、食品、木材等领域的负责人得独立处理工作，在偏远地区设立“单人办公室”，有些员工不得不离开在日本的家人，孤身远赴他乡。

从大城市到天然气、金属等资源的开采区通常需要10小时以上的车程，驻扎在这些地区的员工几乎见不到其他日本人。就算社长等管理层领导到开采区视察、召开会议，也不会深入矿区。像这样长期远程工作的员工不在少数。这也是商社员工独有的工作模式。

在伊藤忠，副社长小林文彦会代表冈藤正广去矿区视察访问。不管是在非洲的深山老林，还是在极北之地俄罗斯，做过导游的小林文彦会拖着两个巨大的行李箱，孤身远赴。其中一个行李箱装着送给在当地工作的员工的慰问品，有大量的大米、羊羹和冈藤正广的手写信。

“小林副社长，直接邮寄过去比较方便。”有个员工自作聪明地对小林文彦说。

小林文彦怒斥："亲手带这么重的行李过去，自然是有我的道理的！"

时至今日，小林文彦依然亲自带着超过20千克的大米坐上飞机，再转乘汽车、火车、船，最后雇上一辆破烂不堪的出租车，前往偏远地区的办公室。综合商社的副社长，可不是只在高级高尔夫球场打打球，社交一下就能胜任的。小林文彦曾说："大家见到我之后都会感动到流泪，一边拿着大米、羊羹和冈藤社长的手写信，一边抹泪。其实，看到大家感动流泪的场面，我也非常欣慰。"

伊藤忠还有很多关怀员工的政策，再向大家介绍两个。2017年，早班通勤制度实施了4年，冈藤正广开始推动实施值得其他公司竞相模仿的经营政策：援助长期与病魔抗争的员工和不幸去世的员工。

在冈藤正广任职社长的那一年，纺织部门的一位员工罹患癌症，病魔缠身，给冈藤正广邮寄了感谢信。在信中，他对"在漫长的停职治疗期，公司在医疗费方面的高覆盖率和制度化的援助"表示了感谢。文末写道："我认为，伊藤忠是最好的公司。"然而……这名员工在发出感谢信的一个月后与世长辞，年仅56岁。

在葬礼现场，冈藤正广毫无顾忌地悲伤痛哭，在死者灵前发誓："现在我能做的就是，使您心中那个最好的、最棒的公司成为更好的公司。不久后，我会再来向您汇报。

比起其他公司，我们公司员工数量不算多，大概只有三菱商事的七成。因为人数较少，所以每一名员工都是无价之宝。于我而言，大家就像是我的家人……”

究竟要怎样改革，才能成为最棒的公司？他与事务部的部下们共同摸索着这条成长之路。在进行一定的整理归纳后，他们将自己的想法和事情的经过通过邮件发送给全公司的员工。邮件里是一篇很长的文章。

我们希望建立一个新的机制或是体制：员工不幸患癌，也可以轻松地与公司交流，得到同事们的帮助。

于各位而言，在家庭面临危机之时，都会举全家之力，团结起来，共渡难关吧。我希望我们的公司内部也能如此。在有员工罹患疑难杂症之时，我们考虑的是通过援助，使员工能够接受最先进的治疗。不仅在治疗阶段给予关怀，呼吁员工在日常生活中积极预防，避免患癌也是很重要的。为此，我们会采取一些措施，两相结合，强化效果。

伊藤忠是“日本最好的公司”，缅怀故人之言，在这里，我敢于向所有人宣言：不论是生病还是事故，如有员工在任职期间发生意外，请放心，我们将会从始至终彻底地援助其家庭。如果员工有子女，那么不论有几个子女，我们会资助所有孩子直至研究生毕业的教育费。

将来孩子们毕业进入社会之时，如果希望加入伊藤忠，我们也会安排其进入合适的部门工作。如果员工的配偶是家庭主妇，若有意参加工作，我们也必将安排其进入公司合适的部门工作。

我也曾身患重疾，也曾濒临绝望，所以我更加希望罹患疾病的员工，能够尽量减少忧虑，满怀希望，积极乐观地工作下去。

当员工将伊藤忠认定为安身之所后，就能爆发出巨大的力量。这股力量不仅能促使业务进展顺利，还能有效改善病情。我认为大家的安身之所便是伊藤忠的各个岗位。我们都是伊藤忠大家族中不可或缺的一份子，还请大家时刻铭记这一点。

不少公司会对因公殉职员工的子女进行援助。不过，一般都是资助子女至“大学毕业”的教育费。伊藤忠则是“无论有几个子女，我们会资助所有孩子直至研究生毕业的教育费”。这样的制度难道不应该普及至所有公司吗？很多公司缺少的不是这笔钱，而是心意。这项措施相当于向员工承诺：“不论发生什么，我们都会支援您和您的家庭。”

有些公司为了提升业绩，会严格限制员工的行为，还会勒令员工不停地工作，长此以往，员工被逼紧，放不开手脚。仅靠领导层传下来的指示，就想使公司上下团结一致是不可能的。伊藤忠通过整顿、改善工作环境，培育出员工自由的创造力，随后，再基于信赖构建出通力协作的工作模式，这比起领导下达的指示，更能推动工作顺利开展。

冈藤正广明白，现在已经不是只要经营者亲自莅临工位，鼓励一下员工就可以的时代了。他选择深入员工内部，与员工定下约定，保证员工各司其职、身体力行、认真负责。即便实行了早班通勤制度，但如果只是要求员工“早上早点来上班”，想必没有几个员工能接受。在发放补贴奖金的同时，他还想出了一个很有冈藤正广风格的奖励机制，它也是伊藤忠在创业期实施过的措施。

140 年前创始人便发放福利

冈藤正广决定为早班通勤的员工提供早餐。很少有大企业的经营者会关注到员工的早餐问题这一小事。不过，从他意识到患癌员工需要援助这件事可以看出，事无巨细地把握员工生活的方方面面，是冈藤正广特有的细心和温柔。

冈藤正广说："我想早上早点去上班，妻子就不得不给我准备早餐。但是，我家的早餐是孩子优先的。如果丈夫忽然说：'先给我做饭。'妻子肯定会不满，但丈夫每天早上在外面小店吃完荞麦面或牛肉饭再去上班，也不是办法。可能大部分家庭是这样的吧。于是，我就想到了由公司来给大家提供早餐。"

如果员工在早上 8 点前到公司上班，就可以在地下的员工食堂免费选取 3 份轻食。这些轻食大多是饭团、三明治、饮料，是由子公司全家（Family Mart）便利店提供的，由员工随意挑选。早上比较饿的员工靠 3 个饭团就能填饱肚子。员工食堂在早上 6 点半开始营业，8 点关闭收银台，来晚的员工就没有机会选早餐了。

岩田宪司是负责人事和总务的企划统辖室长，他几乎每天都在享受这项福利。“我大概早上6点半来上班，因为在这个时间点，轻食都被排列得整整齐齐，可供挑选的种类也十分丰富，如果7点45分去食堂，虽然还有很多吃的喝的，但大部分是大家挑剩下的，三明治的种类也少了，有时候就只剩下饮料和饭团……”。

这是一项划时代的举措。如果没有细致观察员工们的日常生活，自然想不出这样好的措施。那些总说着“有问题自己克服”的高高在上的经营者和那些喜欢玩弄权术、官僚作风的经营者是绝对做不到这一点的。只有一直在反复呼吁“不要光想着产品导向，要坚持市场导向”的冈藤正广才会推行这项措施。

话又说回来，关怀员工的生活和饮食是伊藤忠自创业伊始便有的传统。创业之时，伊藤忠特有的一些措施仍历历在目。

创始人伊藤忠兵卫出生于近江，1872年，他在大阪本町开设了一家名为“红忠（后改名为‘伊藤本店’）”的和服布料庄（转售批发店）。在开店经营了9年后，也就是1881年，忠兵卫曾以公司内部活动的形式宴请全体店员参加寿喜烧大会，一个月举行了6次。

“寿喜烧大会是家族主义的代表，也是忠兵卫和店员们可以不讲虚礼，亲密无间，喝酒吃饭的联欢会（注：原

文书写为片假名，下同）。”（摘自社史《伊藤忠商事100年》）

早在明治初期就能做到每月召开6次牛肉寿喜烧大会的创始人十分开明。事实上，在寿喜烧大会召开的10年前，也就是1871年，明治政府才真正开始允许百姓食肉。1872年，报纸上还刊登了明治天皇试吃牛肉的新闻报道。当时，牛肉虽然是广泛流行的食材，但其价格不菲，有一大半的日本民众没机会吃牛肉。忠兵卫就是在那样的时代召开了牛肉寿喜烧的联欢会。放在现在，等于说是宴请全体员工去米其林三星餐厅吃饭。

《食物的社会史》（茂木信太郎著，创成社出版）一书中，记载了当时（1886年）在越后屋和服店工作的80名员工的供餐内容。越后屋和服店便是如今三越伊势丹百货的前身，也是三井物产的起源。当时的越后屋不是做转售批发的大店，从事的只是小买卖。虽然越后屋和服店的店员一日三餐都是白米饭，但是早上的配菜只有味噌汤和腌菜，中午是鱼干和腌菜，晚上则只有腌菜。每人每天摄入的卡路里只有1800千卡。即便如此，这也是当时店员能获得的平均水平或者可以说略高于平均水平的待遇了。在这一时期，伊藤忠的店员就能够享用牛肉了。

此外，该书还记录了当时师范学校、士官学校以及监狱的每人每天卡路里摄入量。高等师范学校的学生大约是3200千卡，陆军士官学校的学生大约是3000千卡，锻冶桥监狱则约为2000千卡。虽说越后屋的店员平均卡路里摄入量低于锻冶桥监狱，但也不能批判越后屋店主过于节俭，只能说明治时代的监狱管理非常人性化，做到了让犯人正常吃饭。明治末年，忠兵卫手下的员工已超过 300 人，能做到宴请所有员工吃牛肉寿喜烧，这在当时简直是前所未有的，同时，也证实了伊藤忠在创业初期就十分关怀员工。

伊藤忠

第一章

伊藤忠的原点

创始人于160年前开创之业

伊藤忠的历史可追溯至安政五年（1858年）。这一年，伊藤忠兵卫带着两名员工以“走贩”的方式开启了事业。“走贩指的是带商品送货上门进行销售，与流动叫卖的零售不同。”（摘自《伊藤忠商事100年》）走贩是一种在制造商与零售店之间进行中介贸易的销售形式，也是商社的业务活动。

忠兵卫的父母在村镇经营着一个名为“耳付物”的小店，临近都市，售卖各类纺织制品。这家小店最后由长兄长兵卫继承，故而身为次子的忠兵卫离家开始了批发转售的商业经营，并在这一行业越做越大。目前，市场上有伊藤忠与丸红两大商社，两社均于1858年创业，均将忠兵卫视为创业之祖。

忠兵卫生于天保十三年（1842年）七月二日（阳历8月7日），住在滋贺县犬上郡丰乡村八目。丰乡村位于琵琶湖东部，这里养育出众多优秀的近江商人。他的父亲是第五代伊藤长兵卫，母亲名为弥江[1]，经营着“红长”商号，主要贩售纺织品。

据前文提到的社史所记：“安政五年（1858 年），创始人年仅 15 岁。他换上成年人的服饰，以忠兵卫为名，于该年 5 月迈入了近江麻布走贩之业。”自此，忠兵卫逐步成长为独当一面的大人，开启了事业。比他年长一岁的明治元勋伊藤博文，于安政四年（1857 年）入读松下村塾，次年赴长崎学习，开始作为维新志士开展维新活动。

虽说在现代社会，15 岁应该是无忧无虑的少年时期，但在当时，忠兵卫与伊藤博文都早早成熟，投身于幕府末年的时代浪潮中。

忠兵卫创业初年，江户幕府与美国、俄国（沙俄）、荷兰、英国、法国这 5 个国家签订了修好通商条约，日本被迫打开了国门。此后，幕府大老[2]井伊直弼利用安政大狱[3]打压反对幕府政策的大名和维新志士。井伊直弼是近江彦根藩主[4]，即忠兵卫所在地的领主。

家中经营的商号由长兄长兵卫继承，忠兵卫只得孤身闯荡江湖。为避免与长兄之事业产生冲突，他不设店铺，

---

[1] 原文为“やゑ”，此为常见译法。——译者注

[2] 幕府大老一般设于特殊时期，为幕府将军之下临时最高职务。——译者注

[3] 1858 年（安政五年）井伊直弼任幕府大老后，不仅擅自签订了《日美修好通商条约》，而且决定由德川家茂任幕府将军，同时对反对派进行残酷镇压。德川庆喜、松平庆永等大名被禁闭，越前藩士桥本左内、长州藩士吉田松阴等被处死，其他遭受处罚者超过百人，史称“安政大狱”。——译者注

[4] 今滋贺县彦根市。——译者注

利用微薄的资金迈入了批发销售行业。在批发销售行业，他能够接触到各类商品。

专门售卖某类商品的零售店一般只卖固定类别的商品。比如除和服外，和服店可能还售卖草屐、手袋等附带的小物件，基本不会在和服边上摆卖食品、干货，等等。与之不同，批发销售的话，可以按照顾客的需求，尽最大可能销售种类更加丰富的商品。客人的需求会随时代的发展而有所改变，批发行业便要灵活掌握顾客需求，发现新商机，销售新商品。

走贩更需要满足客人的需求，属于市场导向型业务，要做到能够应对时代之变。若无法细察时代风向并随之转型，就做不长久。这一点也适用于现代的综合商社。

最开始，忠兵卫走贩销售的商品是近江麻布和高宫布（麻织品）。麻布均为同村女性所织，是丰乡村的特产。忠兵卫选定的销售地是九州北部，一行人带着商品，一路途经琵琶湖、京都、大阪，朝着九州前进。陆运的路程较短，他们拉着板车从丰乡出发，行至琵琶湖东部的萨摩海滨再乘船，利用琵琶湖、高濑川、淀川的水路交通，从京都、伏见行至大阪。最后在大阪转乘大型日式木船渡过濑户内海到达目的地。

据说，在走贩销售中，收购商品、准备板车这些工作是由忠兵卫的母亲和妻子等女性亲属负责的。由此可见，像忠兵卫这样的近江商人，均有一个优势，那便是能够利用水路交通进行物流运输。江户时代，日式木船在运输货物这一点上丝毫不输西方船只。早在元禄时代（1688—1704 年），日式木船的航路就已经被开辟出来，经停港口的建设也基本完备。琵琶湖的水路交通自不必说，向京都、大阪运输货物时，利用琵琶湖的水运，不仅节省经费，还能缩减搬运时间。

吉村昭在其著作《漂流》（新潮新书）中，曾提到船运之高效。“假设我们要自越后国（新潟县）运输一千袋大米到江户，在现代自然首选陆上运输，而在那个时代，单靠陆运基本上是不可能的。如果非要采用陆运，那么一千袋大米需要五百匹马，每匹马驮运两袋。五百匹马还得要五百人牵绳指挥，一日行程结束到达驿站后，需要将米从马上卸下来，再交保管费，最后搬入驿站仓库。到了第二天，还得再把米袋从仓库搬出，固定在马背上才能启程。不仅要付工钱给牵马人，还要给马供给饲料。这样到江户，将花费巨款。另外，陆运还有各种各样的阻碍，高山峻岭，道路险阻，途经河川、沼泽，很多河流甚至还未架桥，阻拦前路，经过各个关卡还要接受盘问。这样一来，除非距离较近，没有人会选择陆上运输。”

除了大米，就算是麻布，大量运输之时也是水运更加便捷。“与每日需要食用大量饲料的马匹不同，只要有风船便能航行，且只需要支付船员的餐费和其他生活用品的价钱便可。相较于陆运，水运的开销大大减少，成本十分低廉。正因如此，货物搬运一向以水运为主。”（同摘自上书）近江商人因出生于琵琶湖附近，更加擅长利用水运。

远行期间，忠兵卫等人歇脚的地方就是目的地和途经之地的各个“走贩旅宿”“问屋”。他们主要在“问屋”卸货。问屋不单单是一个进行批发转售的店铺，还兼营能够接管货物的旅馆。到达目的地后，忠兵卫一行人卸下货物，借住在附近的寺庙中。在寺庙的大厅招揽、接待客人，销售货品。问屋还经营寄钱、汇款的业务，即便不带现金也能顺畅行路。忠兵卫开启事业之时，不仅是物流运输，金融系统也已经发展完善了。

最初开始从事走贩时，忠兵卫借了50两用于采购货物，经费核销后，纯利润为7两。江户时代后期的1两换算到现代约为4万日元（数据参考自日本银行）。照此换算，忠兵卫最初赚到了大概28万日元。如果一定要说赚得是多是少，只能说没有亏损，利润确实不多。

不过，比起赚到的钱，对工作内容了如指掌是更重要的。走贩这一行业需要牢牢把握商品的质量，将其控制在同一水平线上；出门销售也要调查好行程路线，准备好板车、船等交通工具；顾客名簿必不可少，开发新客户十分重要；在寺庙大厅招揽顾客、推销商品的能力也是必备的。如果达成交易，要认真负责推进流程，进行汇款，还要保存好采购账单、费用小票并记入账单，等等。这样看来，现代伊藤忠的业务雏形，早在创始人创业之初便可见一斑了。

现代伊藤忠的业务中，客户大多来自海外，交流方式转而依赖 IT 技术。物流通常使用货车、铁路、轮船、飞机等交通工具。沟通速度加快，交流更加便捷，物流方式不断进化，规模扩大。不过，贸易之本质丝毫不曾改变。

忠兵卫是如何做到轻松在走贩行业取得成功，并逐渐创建伊藤忠这样的大公司的呢？大获成功并非他一人之力，而是因为在江户时代的近江地区，早已形成了独特的商人风格，确立了独有的商人文化，还有琵琶湖附近，人人懂得利用水上运输。这里的商人被称为近江商人。

出身近江的商人们

“近江商人，是将老宅（总店、本家）设于近江国（今滋贺县），前往他地做行商生意的商人之总称。与大阪商人、伊势商人并称为日本三大商人。”这是伊藤忠在总公司主页中，为“近江商人”下的定义。在这里，一般情况下近江商人多为批发经销商。

不过，忠兵卫没有从事批发行业，而是在走贩（上门销售）一行开辟了自己的事业。走贩能够拓宽视野，他迅速适应了定期前往九州、长崎做生意的生活，可能也因为他渴望看到更广阔的世界吧。

近江商人不是江户时代的产物，而是发祥于应永年间（1394—1428年，室町时代），源于和伊势通商的“山越四本商人”。《从近江重读日本史》（今谷明著，讲谈社现代新书）一书的《今掘日吉神社文书》一文中所记如下：“八风、千草（琵琶湖湖东到伊势的海峡）两地乃是京畿地区近国，最为富饶的湖东平原之要地。商品运到伊势便能赚得盆满钵满。利用八风、千草两地与伊势进行通商的权力便掌握在‘山越四本商人’这一商人团体手中。自南至石塔（东近江市）、今堀（保内、东近江市）、小幡（同上）、沓掛（爱莊町），山越四本商人便扎根于这四个集落。大约在应永年间（1394—1428 年），出身今堀，崭露头角的保内商人渐渐对主营和服、大米、盐、鱼类的小幡商人产生了威胁。到了 15 世纪初，该地兴起了到伊势发家致富的潮流。”书中还提到了散布在伊势地区各个村落的一些流言，即“近江小贼，伊势讨饭”“伊势之边境不可松懈”，由此可见，伊势人对于近江商人十分戒备。

个人认为，伊势人之所以加强戒备是因为近江商人是有组织地进行运输与销售。他们并不是孤身一人带着货物来做买卖，而是与同伴通力协作，以团队的形式开展商业活动。这是一种类似于现代综合商社的经商模式，会引起伊势本地人的敌视乃是情理之中。近江商人将目光投向伊势，而不是经历了应仁之乱[1]的京都。他们随身带着足子[2]、驮马、警卫等，翻山越岭前往伊势做生意。虽说江户时代的水路运输已经有了一定的发展，但是前往伊势还得依赖陆路运输。

据该书（《从近江重读日本史》）记载，应仁二年（1468年）相国寺的禅僧横川景三，曾在千草峡处亲眼见到一商帮中“劳工百余人，士兵六七十人，驮马无数”（摘自《小

[1] 指 1467 — 1477 年，日本室町幕府时代的封建领主间的内乱，此后日本进入战国时代。——译者注

[2] 指从属于商人的小商贩及货物搬运工。——译者注

辅东游集》）。

时代变换，到了江户时代，近江商人的生意早已不再局限于伊势、京都和大阪，而是遍布全国各地。他们分别被称作“高岛商人、八幡商人、日野商人、湖东商人”，每次远赴他地均带着各个地域独有的特产，专注于经商。

那么，为何涌现出这样一批大商人的土地是近江即滋贺县，而非京都、大阪等城市？滋贺县到底有什么独特之处？

据部分史料，可以总结出以下三点：

（1）地理位置优越。

（2）物产丰富。

（3）行商经验丰富。

第一点是滋贺县地理位置优越。一看地图便知，滋贺县是琵琶湖由东至南的中山道、北陆道、东海道等交通要道的交会相通之处，再加上还有便利的水路运输。琵琶湖占有滋贺县六分之一的面积，其水路运输自中世纪起就得到了广泛利用。

第二点是滋贺县物产丰富，盛产高品质的麻布。在棉花种植普及之前，麻布是平民百姓衣服的主要材料，在气候温暖的日本西部很盛行。其他具有代表性的特产是大米，被誉为“江洲米”，在畿内地区颇受好评。另外，还有麻布制成的蚊帐（近江蚊帐）、草席面、福井县小滨产盐制成的腌制品（腌鱼）等。近江的特产无论在哪一个地区都颇受欢迎。

第三点是近江商人行商经验丰富。近江商人自中世纪起便组成团队，合伙经商，适应“乐市乐座”[1]等新兴的商业形式也毫不费力。以上三点便是近江商人得以发展壮大的主要原因。

原因并不单单是这三点，据推测，还有两个十分重要的因素。近江地区的居民在明治时代之前就能认字会计算。如果不识字也不会计算，那么不论该地交通多么便捷，特产多么丰富，商业活动都是无法进行的。

根据国立教育政策研究所齐藤泰雄的研究成果《识字能力、识字率的历史推移——日本的经历》中所记载的数据，滋贺县的人均识字能力很强。该调查报告中，齐藤泰雄还引用了英国社会学者罗纳德·多尔所著《学历社会》一文。多尔教授在日本的经济及社会构造方面的研究上颇有建树，他在文中写道：“（明治维新时期）1870年左右，在（日本）各年龄段中，40% ~ 50%的男性和15%的女性能阅读、写字、计算。大致可以认为，这些人对本国历史和地理也有一定了解。”（括号内为笔者添注）也就是说，多尔教授认为同一时代日本的平民识字率高于欧洲城市居民。

此外，齐藤泰雄还列出了明治初期文部省的调查数据。

[1] 指的是日本战国时代到安土桃山时代的战国大名为刺激领地内的工商业发展而实施的一项经济政策。免除了“乐市”的营业税，取消了一些商人和商贸团体的特权，“乐座”则允许任何人自由经商。——译者注

要求各地对居民的识字率进行调查，并以此作为基础数据，来了解各个地区教育普及情况。调查结果发表在早期的《帝国文部省年报》上。因为统计了各个地区能够写出自己名字的居民占比，所以专家也称其为“自署率”调查。

“从自署率调查可以看出，各地区之间和男女之间在识字率方面存在显著差异。靠近京都且是商贸、交通之要道的滋贺县（近江商人的故乡）识字率最高。近 90% 的男性和接近 50% 的女性都能读、写。相比之下，培养出许多维新志士的鹿儿岛县的数据却低得惊人。女性的识字率为 10%，男性也只有 50% ~ 60%。原因尚且不明，但很有可能是受到了西南战争[1]（1877 年）的影响。数值在这两个地区之间的是冈山县，男性识字率为 50% ~ 60%，女性为 30% 左右，大致达到了全国平均水平。”

近江商人博物馆的主页上，记载着江户时代该地寺子屋[2]的相关情况，具体如下：

湖东地区以及五个庄（丰乡的邻乡，今东近江市的地名，近江商人的主要出生地之一）两地最多时曾设有 10 所寺子屋，且有以下几个特征。

天保年间（1830—1844 年），寺子屋开始在全国范围

[1] 明治维新时期平定鹿儿岛士族反政府叛乱的战役。——译者注

[2] 设置于江户时代早期，是一种在寺庙等地向平民教授读写知识的设施，类似于学校。——译者注

内得到普及，数量增多。五个庄于宽永十七年（1640 年）便开办了第一所寺子屋，即梅廼舍，并一直存续到明治时代，直至明治政府开始施行学校制度。全国平均每所寺子屋有 60 位寺子（学生），而近江地区平均每所有 40 名寺子，五个庄则有 110 名。其中女性学生的比例也高于全国水平。更重要的是算术的学习，全国范围内算术课程的开课率仅有 21%，与之相对，五个庄的开课率高达 70%。

近江的识字人口在全国范围内占比较高，而丰乡所在湖东地区的教育水平更是远超全国。

培育出近江商人的宗教土壤

忠兵卫开始走贩后，逐步雇用了越来越多的员工，在事业刚起步时，他的员工都来自同乡。同为近江出身，这些人都有一定的读、写和算术能力。由于在家乡湖东地区，武士阶层之下的平民有不少人拥有读写能力，人才众多，所以当时的忠兵卫没有意识到同时拥有这两种技能之人的可贵。

优越的地理位置、丰富的物产资源、丰富的行商经验、能读会写，这些是近江商人得以发展壮大的基础背景。还有一个重要的影响因素，那便是当地居民对于净土真宗的信仰。信仰造就了近江商人的特质。

作家司马辽太郎在《司马辽太郎日本游记·奈良近江纪行》（朝日文库出版）一书中写道：

以前的近江商人有一个非常有趣的共同点，他们都是近江的信徒。

前往京都、大阪或江户等地经商的他们，与客户在玄关交谈时，会说出信徒经常使用的语法。比如“我明白您的意思了，那么承蒙您的允许，我将于明日三时将货物送至您处”。这种语法直至昭和年代（1926—1989年）才流传到东京。在明治文学中，以东京为舞台的故事里几乎找不到一例这样的对话。

日语中有“承蒙您的允许”这样奇妙的语法表达。这类语法出自上方[1]地带，后来又渗入东京方言，混入标准日语语法之中。“那么，承蒙您的允许我先告辞了”“承蒙您的允许我明日来取”“由此，承蒙您的允许，我选择参加了贵社的面试”“是的，托您的福，承蒙您的允许，我生活得健健康康”。

这类语法出自净土真宗（真宗、信徒、本愿寺）之教义，其他宗教中并无这种思考方式和说话方式。真宗信仰中，万事万物生自阿弥陀如来——他力。一日三餐皆因阿弥陀如来的庇荫才得以美味，家族众人均在阿弥陀如来的庇荫下才得以无病无灾。时而自本山[2]寺庙会派传道僧人来此传道，这也是因阿弥陀如来的庇荫才有的。中途有事，在阿弥陀如来的保佑下得以提前告退。在阿弥陀如来的保佑下晚上九点可以安寝。

这类语法成立的前提是绝对他力，由此，“承蒙您的允许”这一理念才产生，也正是因为有了这一观念，人们才会使用这类表达，才会在日常交流中采用类似于“承蒙

[1] 指京都及其附近的地区，亦指京都、大阪等近畿地区。——译者注

[2] 指具有特定地位，有一定代表性的寺庙。——译者注

您的允许，我将乘地铁至虎之门站”这样的说法。这句话并不意味着“我”是用“您”的钱乘坐了地铁。明明是靠自己的能力和金钱乘坐的地铁，非要说“承蒙您的允许”，这也是源于人们对绝对他力的信仰。

忠兵卫将亲鸾教派所提倡的绝对他力视作自身的坚定信仰，他认为生而为人，自然而然应当信仰净土真宗，在拥有巨大神力的阿弥陀如来的庇荫之下自己才得以生存，自己的经营也必须为了世间他人，为了全人类。

当时出门经商的近江商人，包括忠兵卫，均会随身带着阿弥陀如来的小型画像（挂轴），将其卷起放在行李的最上层，到旅店后便把佛像挂好，每日早晚在佛像前修行。净土真宗的教义给忠兵卫植入了逻辑性的信念。节约、勤勉、诚实等优点均是他作为信徒，在每日修行之中逐渐培养出的美德。“买卖是菩萨之业。”这是忠兵卫的座右铭。他是一个极富逻辑性、懂得自省的人，对员工也提出了同样的要求。他自创业初期便对世界保持谦逊，对员工善良仁慈。

他开始创业的数年间，日本正值幕府末期、迎来明治维新的时代。在忠兵卫 17 岁那年，樱田门之变爆发。当时井伊大老与其护卫队，自彦根藩的宅邸，也就是今天的千代田区永田町出发，前往 500 米外的樱田门。行至近门，遭到水户浪士[1]、萨摩浪士偷袭。护卫队的武士拼死抵抗，但井伊直弼还是被刺杀斩首。樱田门之变是政府的代表性人物被浪人袭击、失去性命的重大事件。

24岁，忠兵卫结婚成家。同年，萨长同盟[2]结成，德川庆喜继任第15代幕府将军。25岁，大政奉还，王政复古。德川庆喜在继位的第二年，将政权复还至日本天皇。1869年，明治天皇移居东京，并将首都由京都迁至东京。29岁，即1871年（明治四年）。对于忠兵卫等商人来说，这一年可谓是变化最大的一年。1871年7月，日本政府废藩置县。1872年，废除江户时代初期颁布的《田畑永代买卖禁止令》，允许自由买卖土地。接着，统一货币，引进邮政制度。废藩置县时废除了各地往来关卡，陆路运输比江户时代更加便捷通畅。

[1] 浪士指没有主家，没有俸禄的武士。——译者注

[2] 全称萨摩长州同盟，也称作萨长盟约、萨长联合。指1866年，萨摩藩（约为今鹿儿岛县全境及宫崎县西南部）与长州藩（约为今山口县）缔结的政治、军事性同盟。——译者注

传承至今的经营模式

1872 年，30 岁的忠兵卫用在走贩中积累的资金在大阪本町 2 丁目开了一家名为“红忠”的吴服太物[1]布料庄。吴服指的是丝织品，太物则指棉织品和麻织品。

与三井家族创办的越后屋和服布料店类似，红忠并不是售卖面向普通消费人群的和服，而是以批发转销、业务性贩卖为主，并在店内展示商品样本的事务所。其实，当时的和服问屋多集中在伏见町（本町以北），忠兵卫将店址选在本町是因为这里地价便宜了一半。开店后，红忠的业绩节节攀升，很快总店就移到了本町 3 丁目。忠兵卫作为店主亲自制定店规，并采用会议制度运营商店。

当时，“会议”这一词多次被用于《五条誓文》[2]，并以此为契机成了明治初期家喻户晓的流行语。他采用了西式记账方式，还发行月刊杂志《实业》等。从重视商议到发行月刊，忠兵卫积极主动地导入了新兴的经营模式。

[1] 和服布料的总称。

[2] 明治天皇颁布，是明治维新的施政纲领，为之后的明治维新奠定了基础。——译者注

忠兵卫虽然是个勇于挑战的商人，但每个生意都做得相当踏实。红忠营业后，他根据时代风向，逐步增加商品品类。他没有想着利用一些奇思妙想赌自己能否挣上一笔巨款，也没有以成为政府御用商为最终目标，而是一点一点地积累顾客，一笔一笔地提高销售额。虽然时代不同，但与同为近江出身的三井家祖三井高利（1622—1694 年）相比，忠兵卫十分谨慎，脚踏实地，步步向前。

三井高利开创了越后屋和服布料店（三越）并参与开创了三井物产的三井集团。三井高利虽与伊藤忠兵卫同为商人，但其与后者工作风格全然不同，是一个在和服零售行业掀起革命的创新人才。

“三井高利颇具代表性的行商模式是‘店前销售’和‘鼓励现金（银）支付’。

“当时的一流和服布料店一般都是先拿到客户订单，之后再登门向客户展示商品，客户看过商品后完成交易，也有直接带着商品上门销售的情况。关于支付货款也有不成文的规定，即普遍先给客户赊款，再于盂兰盆节、年末两个节点收货款，或是直接在年末的 12 月统一核销赊款。若有客户赖账便容易坏账，再加上赊款附加了利息，如此一来商品的价格不断抬高，店内资金周转不便。

“高利废弃了上述方式，转为在店门口直接销售，降低商品的销售成本，从而降低售价，还实施定价制，张贴

价位表，鼓励店内销售与现金支付。（中略）

“他还打破了另一个和服布料从业者间心照不宣的行业规矩，那就是允许‘切卖’。当时布料一般是以一反[1]为单位起售，所有店家都默认如此。但高利应客户需求允许将布切卖，挖掘了江户市民更大的需求。此外，‘快速制衣，快速交货’这种销售成衣的经营模式也大受好评，越后屋逐渐被江户市民誉为‘戏剧千两、鱼市千两、越后屋千两’，每日进账千两，生意蒸蒸日上。”（摘自三井广报委员会官方网站主页）

不过，越后屋和服布料店本质上是零售店，忠兵卫的红忠则主营批发转售。普通消费群体并不是忠兵卫的目标客户。他并未尝试新想法或新策划，而是靠着走贩时积累下来的顾客、人脉，着眼于发展可持续的长久性合作，时而邀请顾客亲往大阪看货下单，时而自行带货到顾客那里推销，获取订单。

忠兵卫在指挥公司大局的同时，还坚持在一线工作。经营公司时，他最重视的便是员工培训和改善员工的工作环境。他与员工都有坚定的信仰，并每日坚持学习，如同加尔文派的新教徒那样虔诚的生活。正是因为他的勤勉、对员工的关怀和回报社会的精神，公司的业绩慢慢地提

[1] 布匹尺寸的单位，一反布大约可以制作一件和服。宽度一般为 9 寸5分（约 29 厘米），长度一般为 2 丈 8 尺到 3 丈（10—11.5 米）。——译者注

高了。

社史中生动地记载了明治时代在大阪的纺织公司中工作的年轻员工的形象。我们能从字里行间窥见在日本开国、四民平等、社会和平的时代背景下，充满活力、努力工作的平民百姓的青春日常。

红忠（后改称伊藤忠总店）开店营业后，日本国内爆发了西南战争（1877 年）。其后，日本召开了第 1 次帝国议会（1890 年）。在此期间，忠兵卫相继开设了京店（京都分店）、西店、棉纱店（专售棉纱）几家新店，店员总数达 51 人。到了明治时代终结那年（1912 年），增至 325 人。他们紧随日本近代化的步伐，不断增加商品种类。

开店以来,忠兵卫和所有员工的生活起居一律在店内。无论是实习的杂工，还是熟练的老员工都将家人留在近江老家，住在店里的集体宿舍中，专注于工作。只在夏季和冬季的假期才回乡看望家人。那时属于行商闲散期，能够挤出时间回老家探望。

公司包吃包住在当时是普遍现象，仅仅如此，还不能被称为“关怀员工”，但像忠兵卫这样，与员工同吃同住的老板可不多见。

明治四十三年（1910 年），公司开始允许店员通勤，实现了与家人同住。但那时也只有一部分老员工可以这么做，直至大正六年（1917 年），年轻员工能够在外居住。员工宿舍“上町俱乐部”建成后，单身员工过上了从宿舍到公司上班的通勤生活。

因销售商品的性质、类别不同，总店与其他店的工作模式也各不相同。总店主要展销各类丝织物，棉纱店则经营受行市影响较大的棉纱，两家店的经营方向各不相同。总店与棉纱店的店员也因业务内容不同而交流甚少。各个店铺互不相通，仿若一个个独立的公司。

现代的伊藤忠也有类似的特点。纺织公司内部有负责打造品牌商品的部门和负责纺织材料的部门，两部门所需专业知识各不相同，日常事务也不交叉。虽然他们都是隶属于纺织公司的员工，却互不了解对方的工作细节。明治时代，伊藤总店（红忠）经销全国各地的丝织品与棉麻织品，因此店员必须掌握各类织品的相关知识，对色彩花纹也要有较高的品位。

品质优良、纹色时尚的织品销量最高。但是，想要做到以较低的价格采购到销量高的商品，就必须积累一定的经验。店员们为更好地掌握专业知识必须每日勤奋刻苦、努力学习。另外，留住来自各个地区的客户，还需要店员有一定的营业能力和待客心得。在与从全国各地的客户商谈后，店员用美食等招待客户也是必不可少的，这样一来，应酬到深夜也是常有之事。忠兵卫十分关心这些员工的身心健康，并呼吁尽量避免深夜加班。在冈藤正广注意到这一点之前，伊藤总店便已经开始推广早班型通勤了。

入店工作三四年后，杂工就能升为候补业务员了，之后便负责“旅店拜访”的工作。旅店拜访指的是赶在同行前面拜访住在旅店的客户，与其商谈生意，并在第二天一大早去旅店迎接客户，促使客户在预算充足的情况下先下单伊藤总店的商品。由于同行也会专门派人去拜访客户，所以员工必须牢牢掌握“客户何时抵达大阪”的信息。而不深入了解客户和联络客户的话自然就得不到这些重要信息。直至今日，这些依然是商社工作人员的必备技能。

曾有一名伊藤忠员工一大早便到成田机场迎接前来采购的中国客户，并在前往市中心的途中与其在车上进行商业洽谈；第二天一早再去接，全程接送，包括带客户到位于其他地区的工厂参观等，避免客户与其他公司的人接触；预约好中国客户喜欢的餐厅，招待客户共进晚餐；牺牲自己的休息日陪客户逛街买特产。就通过这样一系列的服务获得了订单。这样看来，到底是100多年以来，商社员工的营业模式一直没有进步呢，还是日本引以为傲的细心接待技能在明治时代就接近完美了呢？我想正确答案恐怕是后者。

巨大的西服市场

为应对棉纱行情的剧烈波动，对于伊藤棉纱店来说，提前掌握海外信息非常重要。

对于书记员（公司内部店员等级的一等，一般由能够独当一面的员工担任）来说，最基本的就是要掌握广泛的商品知识,还要对业界动向有十分深入的专业研究与见解。为预判市场供需、行情等，首要的是能够敏捷机智地获取信息。

忠兵卫在公司内部对店员级别进行了如下划分，并依据职位的不同安排工作。

· 杂工（一等至五等，实习生）

· 书记员（一等至四等，普通职员）

· 候补业务员

· 业务员（一等至五等，管理层）

· 理事（一等至四等，要职）

杂工负责理货、包装、送货、店内清洁等杂务。他们一边在店内打杂，一边将看到的听到的经商相关知识记在心里。书记员以上职位的员工都掌握着专业知识，活跃在销售和接待工作的一线。

总店与棉纱店都有近江商人热爱学习的氛围，为杂工提供完善的员工培训。培训科目为商事要项、会计、算术、英语、日语、商品知识，以将学员培养到拥有中学毕业程度的知识与素养为目标，教师多为外部讲师或高等级店员。闭店之后，收拾好卖场，摆好桌椅，卖场便成了教室。

忠兵卫会亲自培训店员。他总是在举办净土真宗的法会时上台讲课，每月一次，从不缺席。原则上，法会必须全员出席。年假为 4 天，再加上正月假 3 天，每年仅有 7 天。大正六年（1917 年）开始采用周日休假的制度。

比较有意思的是店员的着装。职业装、日常装的费用由公司支付，除内衣外，所有的服饰均由公司配备。员工入职之初，公司提供的是一件在袖子处印有“伊藤”二字的厚棉衣。工作 6 个月后，会给员工分发一件由河内棉织成的类似于结城紬[1]的和服。之后是由双子（一种棉织品）制成的、大名缟（细密的竖条纹）纹样的和服，配上棉质素色的羽织[2]。员工升职为候补业务员后，会得到一件经过烧毛处理的棉纱交织制成的双子料羽织。

交织制作指的是经过烧毛处理的棉纱与其他棉纱混合的织法。烧毛处理指的是使线迅速通过火焰，烧掉线上绒

[1] 一种和服布料，丝织品。——译者注

[2] 穿在和服外面，防寒用的外套。——译者注

毛的一种工艺。烧毛处理过的线更加顺滑光洁。这类线制成的衣服穿起来非常舒适且更加高档。

腰带均为角带[1]。除老板穿白色布袜外，其他店员均穿黑色袜子。鞋子为木屐或草鞋。这种着装方式从明治、大正年代一直延续至昭和初期。

除服装外，忠兵卫为员工提供的工作餐是牛肉。在那个时代，普通的店铺给店员提供的餐食一般是米饭、味噌汤和腌菜。但是，伊藤各店按照惯例，每月 6 次宴请员工享用牛肉火锅。除此之外，还有新年聚会，以及看戏、看相扑等娱乐活动，夏天还会进行纳凉游船活动。由此可见，对员工关怀备至是伊藤忠在创业初期便有的传统。

明治时代，三菱、三井等产业资本公司进一步发展，1874 年日本侵略中国台湾事件和 1877 年日本国内爆发的西南战争为它们的发展提供了契机。

三菱集团的邮轮在战争期间负责军事运输，获取了巨额利润。从越后屋开始发家的三井集团在西南战争结束后，接手了曾为官营的三池煤矿，迅速壮大。三菱商事与三井物产从此与日本政府达成协作，被称为“政商”，通过资源产业逐渐发展壮大。

在战争期间，伊藤总店不过是经历了“九州因西南战争物资不足，订单增多，开始经销军用毛呢、天鹅绒”（摘

[1] 较硬的面料制成的男性和服腰带。——译者注

自社史）这样的小变化，没能直接在军需上大赚一笔。作为出身近江的和服布料店，事业刚刚起步的伊藤总店还没有资格接触武器、船舶等军事资源，也没有经销这些商品的能力。

三菱商事、三井物产等财阀系商社与伊藤忠、丸红等靠纺织、生活用品起家的商社，在现代社会反而成了同类。在经济高度成长期，纺织商社大量开展资源、机械方面的业务。但在那之前，两类商社的业务几乎没有相似之处。

虽说伊藤忠没能直接接触到军需物资，但军队还是发出了大量与纺织相关的订单，即军装。进入明治时代后，日本国民的生活发生了巨变。从日常和服到西服、皮鞋等，日本人的饮食中也加入了西餐。说是西餐，也不过是引入了咖喱饭，或偶尔添加一顿肉……这类新生活习惯的流行源于军队与学校的集体生活。

江户时代至明治初期，武士与平民在日常生活中均穿和服，并扎发髻。随着散发脱刀令[1]的颁布，扎发髻的人越来越少，随后服装也逐渐由和服变为西服了。不过，一般的平民百姓首次接触的西服都是军服与制服。在日常生活中，还是穿和服比较多。日本服装史上由和服到西服的最大变革发生在明治时代。然而，女性的服饰直至“二战”

[1] 1871年，明治政府颁发太政官布告，提倡士、农、工、商不梳发髻，武士不带刀，以破除旧习，提倡“文明开化”。——译者注

后才由和服变为洋装，其中一个原因便是军队中基本没有女性，且女性很难进入以西洋服饰为校服的高等教育学校学习。

当时日本的主要产业依旧是农业，农民接触到西服和皮鞋只有一种可能，那便是参军入伍。以下文件也证实了这一点：

军旅生活中，穿着军装的经历推动了农村地区西服普及率的提高。

大部分人是在入伍的时候接触到了军装，从而逐渐习惯了西式服装。再加上当时高等教育院校也要求穿着西服。渐渐地，西式服装就大多是军装或布料为小仓织（一种棉织品）的诘襟[1]了。此外，县议会的议员或校长、村长、公所的公务人员等在庆祝三大节日（纪元节、四方节、天长节）时会以西式晨礼服作为正装。（摘自《日本的军队》，吉田裕著，岩波新书出版）

在参军之前，无论城市还是乡村，普通百姓都更习惯穿和服，大多数人是在入伍后才开始习惯西式服装。书中还记载着明治后期的历史资料。

[1] 一种军装制式的立领学生制服。——译者注

1910年（明治四十三年）的《山口连队区征兵检查情况报告》中显示，征兵检查过程中接受检查的总人数为4606，其中1070人身着“绢衣”，3510人身着“棉衣”，而身着“西服”的仅有26人。

在1923年同一连队区的征兵检查中，5459名受检人员里，601人身着“绢衣”，4016人身着“棉布衣”，尽管身着“西服”的人数增幅较大，但也仅仅上升至442人。（摘自《纪念征兵令发布五十周年》，1923年山口连队区司令部发表）

“当时政府总体方针是提倡节省资源，禁止奢侈服饰，‘绢衣’使用者的减少体现了这一点。普通百姓通过在军队中穿军装积累了穿西服的经验。”

在这里补充说明一下什么是征兵检查。1873年（明治六年），明治政府推行国民皆兵主义，颁布征兵令，凡年满20岁的青年均需接受征兵检查。

在接受征兵检查时身穿和服的年轻人，大多没有接触过西式服饰。而那些身穿西服受检的，要么是接受过高等教育的，要么是工作中以制服为工装的。

青年在征兵检查过后一般会被编入军营参与训练，但并不是所有军检合格者都能被编入军籍，毕竟军队也有人员限制。军营中，军装和常服均为西式。每日穿着西式服饰的着装经历改变了人们的服饰习惯。

青年一般在 2 ~ 3 年后便能退伍，回归正常生活。日常服饰将再次回归和服，但习惯穿西服和皮鞋的人会在工作、婚丧嫁娶之时购买西式服饰。

此外，即便不参军入伍，普通百姓接触西服的机会也变得越来越多。军队会将淘汰下来的军装、军被等物转手给二手旧衣店，军制上衣、军袴（裤子）等军用品一般质量很好，适合百姓在做工时循环利用。

就这样，从西服、皮鞋、袜子、大衣、外套到皮包、帽子，再到腕表、钢笔……和服时代从未见过的纺织品、杂货琳琅满目，新兴市场应运而生。

明治时代，男式西装及其周边产品这一巨大市场的出现，促进了日本纺织业和轻工业的发展。随着时代的进步，纺织业逐渐发展成熟，日本开始向海外出口产品。伊藤忠等贸易商社就是在那时取代了纺织厂商，开展原材料进口及产品出口的业务。普通百姓生活的变化为贸易商社创造了新兴业务。

就像在着装上，人们从和服逐渐转向西服，人们的饮食也同样发生了转变。与纺织制品类似，面包、肉等食物的普及也源于军营生活，并同样形成了一个巨大的市场。

保质保量地供应小麦和牛肉等西餐材料也是商社的业务之一。在食品行业，最开始生产肉类和面包的厂商一般不是什么大型企业，这就给商社提供了很大的介入空间，比如商社从海外收购牛、猪、鸡等动物饲料供应给国内等。

百年前伊藤忠第二代当家留洋英国之所学

明治时代，日本的人口逐渐增加（1868 年明治维新时总人口为 3330 万，1945 年“二战”战败后为 7215 万）。同时，纺织行业出现了西式服装这一新兴市场。在这两种因素的影响下，伊藤总店及其手下各分店的营业规模不断扩大。

客户需求逐年增长，带动的不仅仅是伊藤总店。只要工作勤恳，所有纺织商家都能乘上东风，拉动业绩增长。

1903 年，初代忠兵卫因肝癌不治身亡，享年 61 岁。继承人为其次子伊藤精一，后被称为第二代忠兵卫。忠兵卫的长子万治郎夭折，故而次子精一从小就被寄予厚望，作为家业继承人培养长大。

父亲忠兵卫因急病去世那年，伊藤精一才 17 岁，就读于滋贺县立商业学校（今滋贺县立八幡商业高等学校）。当时他还在以考入东京高商（今一桥大学）为目标而专心学习，但因必须立刻接手家业，不得不放弃了学业。1904 年，伊藤精一入职伊藤总店。

第二代忠兵卫在接手家业后提出：“进入商界，最有用的方式之一便是进行实习旅行。”进行实习旅行是滋贺县立商业学校的惯例，第二代忠兵卫与三位同学结伴，踏上了行商旅途。

滋贺县立商业学校素有“近江商人的士官学校”之称，每隔几年，便会举办实习旅行的活动。第二代忠兵卫选择自滋贺县至爱知县行商，他的同学中则有选择去更远的韩国、中国等经商的人。

他心中熟记父亲 15 岁便开始走贩的经历，勇敢地迈出了经商的第一步，但是他从伊藤总店采购的麻布以及杂货类商品不太好卖。

一行四人拉着板车运货，有时使用汽车运输，这时他们便将板车的车轮拆下抱在怀里，和货物坐在一起。在那个时代，不仅仅是他们，其他商人在长距离运输货物时，也都是用这种方式。

据他回忆：“比起劳动工作的经历，我更感兴趣的是风俗的差异，更在意那些生活在比贫困乡村生活水平还要低的地区的人。”（摘自《伊藤忠兵卫翁回想录》，伊藤忠商事发表）

其实，故乡滋贺县的生活也算不上富足，但爱知、冈崎等更加贫困，再加上他听不太懂方言，所以交流不畅。

明治时代的日本经济以农业为中心，尚且残留着以江户时代划分的旧藩生活的习惯。比起现代，当时用方言交流的人不在少数，跨地区旅行时沟通交流便成了一大难题。

无法顺畅交流，便无法顺利达成交易，商品销量自然不高。

行商实习，让第二代忠兵卫在接触商业的同时，体验到了日本各地的风土人情和潮流时尚。

在明治时代末期，日本各地人在日常生活中穿的大多还是和服。第二代忠兵卫到底是将此看作纺织行业的商机还是对此毫不在意呢？我们无从知晓。

日俄战争爆发前后，对棉纱和棉布的需求猛增，产量也大大增加。1900 年棉纱的产量为 6 万捆，仅过 7 年便增至 100 万捆。“捆”为出口棉纱的捆包计量单位，1 捆棉纱重 400 磅（1 磅相当于 453.6 克）。棉纱、棉布需求的增长及其产量的增加，也拉动了伊藤总店的经销量。

自此，伊藤总店开始向海外出口产品。其实，总店在明治末期便开始了对韩出口贸易，但直至 1904 年，店内才设置了出口部门。

第二代忠兵卫接管家业 4 年后，即 1908 年，他设立了“伊藤忠兵卫总部”，统管手下的 4 个分店及 1 个工厂。他亲自指挥麻布、棉布、棉纱等产品的批发转销，并负责制定采购和销售的决策。虽然各个业务均设置了负责人，但他进行总体决断并对此负责。

现在的伊藤忠商事也是类似的管理形式，各个分部公司统一归董事会总管。这一形式在那个时代便已经固定下来了。

作为一个扎根关西地区的纺织商社，伊藤总店在东京开了第一家分店。经营模式已见雏形，为未来进一步的发展，伊藤总店需要在海外设下新据点，之后便是进军东京了。就这样，伊藤忠完成了从店铺集合体到纺织商社的蜕变。

1908年，第二代忠兵卫将工作交给部下，花费1年半的时间，经美国远赴英国留学。由于当时还没有开通飞机航线，他只能乘船远洋。从大阪至横滨，跨越太平洋到达纽约，再从纽约行至伦敦。

到英国后，他先是在伦敦大学旁听，后又转至约克郡的工商业专职学校“多科技术学院”[1]，但他的目的并不在于顺利毕业或是考取资格证书。比起纯粹的学习，他的目标是与海外客户直接建立联系，商谈合作。

当时日本还残留着幕末时期的旧习，与海外客户交易时必须通过在日本设有事务所的欧美商人牵线。第二代忠兵卫并不认同这个商业旧习，为了直接联系欧美的纺织商人进行交易，他远赴英国。事实上，只要与海外纺织客户直接见面商谈，就能毫无阻碍地顺利达成交易。

他最大的成果便是与英国及德国的一流毛织品商人签下了协约，约定直接从他们那里进口高品质的产品。自此以后，伊藤总店在海外设下分店，开始与来自各个国家的商人直接贸易。

---

[1] 指英国在20世纪60年代设立的非大学性高等教育机构，为高等教育的新分支。——译者注

质疑旧习，将在日外国人商社从交易中“脱媒”[1]出去，第二代忠兵卫成功做到了。如今，日本商社与海外厂商进行直接交易已是常事。

“脱媒”这一趋势在互联网时代表现得更加淋漓尽致。在美国，甚至促生了一系列被称为“Farm to Consumer”的手机应用软件。以往农民习惯于将农产品售给贸易商社或超市等批发店。但使用“Farm to Consumer”，就能以生产者与消费者都更满意的价格直接达成交易。

日本也已经有了类似的应用软件，虽然目前停留在农产品交易，但总有一天会扩展到各行各业。以汽车行业为例，新能源汽车公司特斯拉几乎没有开设专卖店。想要买车的客户可以直接在手机应用软件上下单，线下提车。贸易商社、实体店的作用在逐渐减弱，为应对这种趋向，如今的商社必须挖掘新业务。

第二代忠兵卫自明治时代入职，到 1945 年，在这 41 年间始终身居首位，指挥并经营着伊藤总店。他推动了伊藤忠和丸红的发展壮大，并通过商业投资，在富山县成立了吴羽纺绩公司。在这期间，伊藤忠从纺织品店铺蜕变为纺织品商社，建立了海外分店并将各分店编织成网，加上旗下并入的纺织工厂，伊藤总店成了一家联合企业。

如今，综合商社的重心正从贸易转向商业投资，可以

[1] 一般是指在交易时跳过所有中间人而直接在供需双方间进行。——译者注

说第二代忠兵卫是这一趋向的先驱，毕竟他在很早之前便开始商业投资。

三菱商事、三井物产于创立初期便接手了煤炭、矿产、船舶制造等原为官营的产业，很早便被迫进行商业投资。伊藤忠则是靠在纺织业上一点一滴积累的资金，深入投资与行业息息相关的纺织商业。这就是它与三菱商事、三井物产的不同之处。

伊藤忠

第二章

与财阀系商社的不同之处

不可一味重用忠义之士

第二代忠兵卫通过远洋留学获得的最大财富便是结识了井上准之助。他曾言：“与井上先生的相识改变了我的后半生。”

井上准之助相当于第二代忠兵卫的人生导师。他曾加入滨口雄幸[1]内阁（1929—1931年）任藏相[2]，推行金解禁政策[3]，却最终引发了经济大萧条。

井上准之助生于大分县。从帝国大学英法学科毕业后，进入日本银行工作。先后担任营业局长、纽约代理店监督，出任横滨正金银行副董事长，后升任横滨正金银行董事长。

横滨正金银行后改名东京银行，是现在三菱UFJ银行的前身。在海外遍布分行，是一家外汇专业银行。井上在担任横滨正金银行董事长一职几年后，转而任职日本银行总裁。

[1] 日本第27任首相。在位时强行推行金本位和裁减军费。1930年遇刺负伤，次年8月26日去世。——译者注

[2] 大藏省为日本自明治维新后直到2000年的中央政府财政机关，主管日本财政、金融、税收。藏相为大藏省长官。——译者注

[3] 即恢复金本位制。——译者注

关东大地震后，井上准之助为安抚民众，出任第二次山本权兵卫[1]内阁（1923—1924年）藏相，但4个月后内阁便集体辞职。后来，他成为贵族院议员，重回日本银行总裁之位。可以说，他在一定时期内统管着日本的金融政策。此后，井上在以贵族院议员身份参与选举时，被血盟团[2]成员小沼正暗杀身亡。

第二代忠兵卫在去英国留学途中，曾拜访驻纽约工作的井上准之助。他经熟人介绍去了井上的办公室，一见到井上，便被要求："今晚和我住同一个酒店吧。"他便立刻在马赛酒店订了间房。

第二天一大早，井上就来敲第二代忠兵卫的房门，叫他起床。看了看他房间内的景象，井上道："把你的房间收拾整洁。鞋子放在走廊那儿，会有专人帮你擦洗干净。脏衣服要全部立刻拿去清洁。作为一个绅士，可不能一大早就满身汗味。"

被井上这样教导，第二代忠兵卫有些不好意思。井上仿佛他早逝的父亲那般对其关怀指导。第二代忠兵卫始终对井上十分敬仰，并多次向其征求建议。

第二代忠兵卫每次来访，井上都会给他一些关于人生、生活的建议，偶尔还会对工作给出一些提醒和忠告。看着

[1] 1898—1906年连续担任三届内阁的海军大臣，为当时日本海军中心人物。曾出任日本第16任、第22任首相。——译者注

[2] 日莲宗僧人井上日召组建的日本右翼恐怖组织。——译者注

当时逐渐打好纺织商社地基的伊藤忠，井上评价：“伊藤忠绝不能止步于纺织商社。”

第二代忠兵卫成立吴羽纺绩，开始商业投资，可能也是因为心中铭记着井上这句评价吧。之后，伊藤忠迈上成为综合商社之途，这一目标可能也是源于他与井上的交流或者井上对伊藤忠的建议吧。

井上将第二代忠兵卫作为自己的秘书带在身边，把他介绍给了留驻纽约的资本界人士。

对于来自关西的纺织商人第二代忠兵卫来说，可谓待遇优厚。他还对第二代忠兵卫说：“比起去英国留学不如先体验下美国。美国的未来前景广阔。你在美国多停留一段时间吧，要不直接放弃英国之行得了。”但因第二代忠兵卫的留学另有目的，故而推辞：“非常感谢您的美意和对我的厚待，实在承受不起。”拒绝了井上的邀请。井上只得先回复：“那好吧。”但要求：“听好了，男人是要做出一番事业的。虽然你（指第二代忠兵卫）看起来有些粗野，但是你说话倒是挺有意思的，还有优秀的观察力，做出的调查也都符合现实。（中略）你给我看的那家店铺的新建计划，似乎不是布料店的布局。利用那么大的一家店开展贸易，我看你不仅想售卖棉、毛制品，还想进军更广泛的贸易领域吧，能这样想就很好。”

井上把第二代忠兵卫视作“小朋友”，一有机会便指导他“增长见闻，努力学习”。从纽约启程赶往英国前，井上告诫了第二代忠兵卫“最重要的人生指南”，也是公司人事任命的要点。

一般情况下，各个公司在人才提拔时都“看重人品”。但井上不赞同这一点，反而告诫第二代忠兵卫：“不可重用人品高尚之人。”第二代忠兵卫无法理解。井上解释：“你对普通人的判断基本上是正确的。但你容易感情用事，容易重用那些满怀感恩之情的和人品高尚的人，排挤那些因坚持正义而稍显扭曲的人。这样到底是好是坏？有些人能力人品俱佳，但也有一些人没那么完美。特别是在像你家这样的老店，应该有把‘拼上老命’等挂在嘴边的老员工吧。这其实不是什么好事。你也不能过于片面地看待问题。我想告诉你的就是，一味以人品选拔人才是行不通的。”

井上举例的“人品高尚”之人，指的便是以忠义为原则，为了店铺的发展什么都做得出来的那类人。与其说是忠于店铺其实更像是忠于伊藤家族的那类人。这些忠告无一不切合实际，是井上的肺腑之言。现代的企业经营者，听了这些话也会有所触动吧。第二代忠兵卫更是深深地记下了这些话，并在回想录中称其为“一生中最震撼人心的话语”。

自英国留学归来后，他便遵从这一方针，大胆任命、调动部下，做到了“几年后公司内就没有旧式思维了”。

将这些事结合起来，就会发现，他在留学期间的收获，不仅有益于扩大事业，还让他懂得了组织内部人才选拔的哲学。

借“大战景气”飞跃发展

第二代忠兵卫回国的次年，即1911年，日本签订了一个对于贸易行业来说划时代性的条约。在外相小村寿太郎的努力下，日本与美国签订了新的《日美通商航海条约》，完全收回了关税自主权。

早在明治维新之前，江户幕府就与海外各国协定了关税。出口关税为5%，进口关税为20%。在各国的压迫下，进口关税下调至5%，于是，欧美国家的廉价商品流入日本市场。受益于工业革命，英国的棉制品产量大增，且大量涌入日本，日本的家庭手工业遭受了毁灭性的打击。

进入明治时代后，历代外相与欧美列强进行了废除治外法权、收回关税自主权的谈判。首先是治外法权，在外相陆奥宗光的努力下，1894年日本废除了治外法权。而关于恢复关税自主权的谈判，则在中日甲午战争、日俄战争后逐渐步入正轨，于1911年谈判成功。因此，日本进出口贸易额渐增，给商社提供了更多的商贸机会。1914年第一次世界大战爆发，同年，第二代忠兵卫将统领旗下各分公司的“伊藤忠兵卫总部”法人化，成为伊藤忠无限责任公司。

伊藤忠无限责任公司作为组织上的司令塔，决定主营棉布的总店和京店、主营棉纱的棉纱店等共计 4 家店铺的经营方针，并负责业务指导、人事管理、资金投入等工作。各店不再各自为政，而是紧密联合成一体，步调一致，于大正时代（1912—1926 年）不断前行。

大正时代初期经济环境较好。第一次世界大战带来了“大战景气”，日本迎来了前所未有的经济繁荣。第一次世界大战的主战场在欧洲。虽然日本也有参战，但与美国类似，本土未受到战火的直接伤害。趁欧洲列强你争我夺之际，日本企业迈出了向中国出口商品的第一步。日本生产的棉纱、棉布冲入中国市场，进而席卷了整个亚洲市场。制丝业（生产生丝）不仅深入中国市场，甚至对美国也保有一定出口量。

军事需求的暴涨促进了钢铁产业的繁荣，各地新建了不少炼铁厂。最繁荣的还是船舶制造和海上运输。由于全球船舶短缺，船只的价格暴涨。船只的造价在“一战”前是每吨 50 日元左右，在战争中最高升至近 1000 日元。即便如此，日本造船公司还是接到了纷至沓来的订单。

海运公司的租船费也日益暴涨。军队征用了大量民间船舶，随着战事的发展，租船费也逐渐攀升，大战前费用为每吨 3 日元，1917 年升到了每吨 40—45 日元。三菱的祖业便是经营日本邮船公司，其利润在 1914 年为 484 万日元，到了 1918 年，利润达到了 8631 万日元，约为之前的 18 倍。

当时飞机还未得到普及，世界性的人口移动、货物买卖均需船舶运输。伊藤忠的利润再次得到提升，向中国等亚洲市场出口的棉纱、棉布量的增加是一个因素，毕竟纺织领域的销售额一般都比较大。另一个因素是，尽管没有直接涉及海运行业，但因签订过以便宜价格租船的协议，故而随着租船费的高涨，伊藤忠的利润也被拉高了。

与海运行业融为一体的三菱商事、在燃料行业得到政府御用的三井物产和积极营业的新兴企业铃木商店，这几家企业赚得盆满钵满，引人注目。伊藤忠虽不显眼，但也因战争渐渐扩大了事业。

1918 年第一次世界大战结束，伊藤忠也由无限责任公司转变成了股份有限公司，“一战”期间，不仅出口了棉纱、棉布、生丝等，还开始从美国进口钢铁、机械等，实现了由纯粹的纺织商社到贸易商社的蜕变。

随着伊藤忠利润的增加，身为老板的第二代忠兵卫也日益富足。第二代忠兵卫的一位朋友，被誉为啤酒之王的大阪财商界人士、时任朝日麦酒的社长山本为三郎在一个经济杂志的座谈会上曾称:“伊藤忠兵卫手里的现金最多。”

第一次世界大战末期，要说日本哪位人物手中现金最多，那一定是忠兵卫。大概得有 1 亿日元吧。1 亿日元真的很了不起,但那位忠兵卫先生却还穿着带有破洞的裤子。（中略）

很长一段时间，他没买汽车，一直乘坐人力车，而且他的人力车夫还是一个背都驼了的老爷子……

以忠兵卫的财力，拥有 1 到 2 辆汽车都很正常，他竟坐人力车……（摘自《钻石》，1951 年 7 月 21 日）

大正年代末期的 1 日元换算到现在，有很多不同的换算法。按作家城山三郎的简便换算法，是 500 日元。

这样一算，当年的第二代忠兵卫相当于坐拥如今 500 亿日元的现金。想必这些便是他借“大战景气”赚到的钱吧。可惜，这些钱因“一战”后爆发的金融恐慌而蒸发了大半。

明治末期及大正年间，日本的人口和经济增长速度堪比昭和时代的经济高度成长期。这也是平民百姓生活日渐西化的时期。1903 年日俄战争爆发前，日本内陆人口总量为 4555 万。22 年后（大正十四年，1925 年），人口总量达 5974 万。尽管日俄战争和第一次世界大战的爆发导致不少人战死，但人口总量仍在增长。

人口增加的主体也不再是农村人口，而是在城市从事工业、服务业的人口。人们从农村向城市集中，并在城市成家立业，生儿育女，城市人口迅速增加。

1952 年日本国内拥有超 5 万人口的都市有 71 座，城市人口总量达 1213 万，占内陆地区总人口的 20%。

生活在城市的平民百姓流行建造西式住宅，同时市内也完善了煤气、自来水等基础设施。农村虽然还没有煤气、自来水，但是已经可以使用电灯了。人们不仅穿和服，还习惯了穿西服，也适应了肉食和面包。

伊藤忠经营的纺织品种类也不局限于和服，转而经销起了西式服装。想必当年最优秀的伊藤忠员工不仅精通和服，还掌握着西服布料的信息。

伊藤忠员工先是去农村调查情况，发现农村的小学生基本上是穿和服上下学的。即便如此，也不能断言“这里卖不出西服”。小学生们的哥哥姐姐大多去城市，员工便可以类推：如果哥哥姐姐在城市继续升学，那他们就得置办学校制服；如果哥哥姐姐是去城市打工，那么便需要准备工装。对于小学毕业后移居城市的人来说，必定会产生置办西服的需求。

伊藤忠员工会提前准备好布料，做好制衣计划，遍访制衣工厂，开发制服、工装、绅士礼服、女装，并将样品制作出来，然后去百货店、洋货店、工厂等地将产品推销出去。

如此看来，商社职工的工作流程从古至今几乎未曾改变。他们的工作是开发出世界上人人都爱使用的产品，并将其销售到新兴市场。他们能够察觉到新时代的到来，并挖掘出与时代相符的商品，能够与厂商合作开发，再将货物批发转销给分销店。

对纺织商社伊藤忠来说，大正时代城市市民的增加，直接促进了市场的发展。

日本第一商社“铃木商店”之破产

第一次世界大战带来的经济景气没能持续太久。战后，欧洲各国逐渐恢复生产，日本的出口贸易规模缩减，国际贸易收支转为逆差。在重化工业领域，海外进口的高质量产品进入日本市场，给制造业造成了不小的压力。

1920 年，日本股市暴跌，棉纱、生丝的销售停滞。东京股票交易所的股价跌至以往最高价的五分之一，生丝价格猛跌至以往的四分之一，棉纱价格跌至三分之一，米价甚至不到以往的二分之一。日本出现了战后金融恐慌。

纺织商社受到了战后恐慌的直接冲击，中小型棉布棉纱公司相继破产。伊藤忠也从以往经济景气的美梦中清醒，陷入危机，苦苦挣扎。据社史记录，第二代忠兵卫曾说：“大正九年（1920 年）过后的困境难以言表。”这里他之所以提到“大正九年过后”，是因为在那年之后金融恐慌还发生了很多次。

战后恐慌过后，经济稍稍有所复苏，但在之后的 10 年间，又发生了 3 次经济恐慌，即 1923 年的“震灾恐慌”[1]、1927 年的“金融恐慌”和 1930 年的“昭和恐慌”[2]。总而言之，第一次世界大战结束前日本经济一直保持景气向好的态势，但之后便陷入接踵而至的经济恐慌中。

在战后恐慌时期，伊藤忠不仅在棉花市场上蒙受巨大损失，还因无法收回纺织厂、贸易商社等客户的货款而债台高筑。第二代忠兵卫投入了伊藤一族的资产偿还债务，并用剩下的钱勉强维持着公司的运营，暂停了纺织机器等设备的交易，集中精力在棉纱和棉布经营上。不仅如此，公司还被迫削减经费，进行裁员，缩小经营规模，一边积累东山再起的资金，一边争取更多的时间。

在金融恐慌接连不断的背景下，三井、三菱、住友、安田等财阀集团加强了集团内的联系。拥有银行的财阀只对自己集团内的企业长期贷款，在保护自家企业的同时，严控向集团外的企业贷款。四大财阀通过金融恐慌将企业集结，集团的凝聚力不断增强。此外，三井、三菱、安田、住友、第一这五大银行收购了资金匮乏的中小型银行，确立了它们在金融界的统治地位。

在财阀型企业和五大银行眼中，伊藤忠只不过是一家小小的关西纺织公司，只能做到缩小公司规模，将精力放

[1] 1923 年 9 月 1 日，日本关东地区发生的 7.9 级强烈地震，即关东大地震，造成了巨大灾难，伤亡约 15 万人。——译者注

[2] 日本昭和时期爆发的金融恐慌。——译者注

在传承而来的棉纱、棉布生意上。即便如此，伊藤忠依然算是在金融恐慌中表现不错的公司。

在1927年爆发的金融恐慌中，铃木商店不幸破产。铃木商店是一家实力较强的商社，不属于财阀系，与五大银行也保有一定距离。这次金融恐慌围绕震灾特别债券的处理，其导火索是藏相片冈直温暴露出一些中小银行存在大量不良贷款，这直接引发了民众的挤兑浪潮。其中之一便是台湾银行，该银行对铃木商店提供了大量不良贷款。直面了破产危机的台湾银行只得中断了对铃木商店的融资。其他银行也无力援助铃木商店，别无他法，铃木商店只能宣布破产。

铃木商店虽然破产了，但其在职员工集结起来成立了新的贸易公司“日商”，继续营业。日商便是后来日商岩井的前身，即现在的双日商社。铃木商店，创办于明治时代，晚于伊藤忠，但在最繁荣的时期，曾拥有数千名职工，实力雄厚。其领导人金子直吉仅小学毕业，在明治后期至大正时代，亲自经营着铃木商店并使其迅速扩大了规模。

作家城山三郎在其著作《鼠》（文春文库出版）中，以金子直吉为主角，描述了铃木商店的盛衰历程。

（铃木商店的）经营涵盖了制钢、金属冶炼、造船、人造丝、毛织、赛璐珞合成塑料、窒素肥料、染料、皮革、制糖、制粉、制油、樟脑、橡胶、麦酒、火柴、烟草、矿山、橡胶树培育（英属婆罗洲）、海运、仓库、保险等各个领域，现在日本的一些著名公司，比如帝人、日商、神户制钢、石川岛播磨造船等都曾是铃木商店的分支。

铃木商店本业为贸易，在发展全盛期（大正八年、九年）每年交易额达16亿日元，不用说三菱，甚至压三井物产（12亿日元）一头，成为日本第一商社。商业势力范围扩张至全世界，在“一战”中挣得外汇15亿日元。据说，当时通过苏伊士运河的全部船只的货物中，日本铃木的占一成。

现在的札幌啤酒公司、味之素集团、协和麒麟公司、太平洋水泥公司、日本精华企业、日轮汽车（铃木商店橡胶部门）等也曾是铃木商店投资的企业。铃木商店作为贸易商社得以急速成长的原因是对商品的垄断，初期垄断了北海道的薄荷，之后垄断中国台湾地区的樟脑和砂糖。就这样，一个接一个地增加品类。还有一个原因就是它把生产垄断商品的制造商收购为子公司。

综合商社的发展关键就在于垄断贸易和商业投资这两大企业支柱。两者并非始于“二战”后，而是铃木商店早就采用过的战略。城山三郎的小说《鼠》中，将铃木商店的垄断贸易描写如下：

（当金子直吉询问德国商会的商人他们想要采购什么商品时）德国商人的回复是薄荷。

他立刻着手进行了调查，显示薄荷是日本的特产，作为化妆品、香料、药品的原料在全世界都有销路。因为北海道和三陆地区的种植范围有限，所以根据收成，价格波动较大，但因薄荷质量不会下降，所以价格便宜时可以大量购买囤积。

在金子直吉的建议下，铃木商店大肆收购薄荷，最终掌握了全国薄荷总量的50% ~ 60%，且修建了薄荷工厂生产高质量产品，铃木牌薄荷被评为特等品，出口到世界各国。垄断获得巨大利益，每年的利润高达50万日元，垄断薄荷交易成为铃木商店的主要收入来源。

垄断行业的利润之大，人人皆知。但能抓住这些商机，全靠金子直吉的慧眼与机敏。

当然，垄断在带来巨额利益的同时，还会让人体会到掌控垄断世界的快感。金子直吉在樟脑交易上，同样享受到了垄断带来的利益与快感。

铃木商店总能迅速垄断顾客想买的新兴商品。虽说十分赚钱，但也有风险。可以说，铃木商店的破产便是过于追求利润而轻视了风险所致。与之相对，第二代忠兵卫则行事谨慎，可以称得上有些胆小。遇上经济恐慌，便立刻投出大战景气阶段赚的资金，缩小公司的规模，稳稳地保住公司。

伊藤忠也被动荡的经济形势折磨，甚至多次背负了巨额债务。但幸运的是，伊藤忠谨慎又胆小的基因导致它的防守能力可能比进攻能力还要强。现任会长冈藤正广悬挂的标语“盈、削、防”，为“（实现）盈利、削减（浪费）、防范（损失）”的简称。实现盈利并不是唯一，削减浪费与防范损失这种防守策略才是伊藤忠的性格写照。

经济低迷之际，成立纺绩公司

1929年，昭和恐慌爆发的前一年，第二代忠兵卫就像将一向缩手缩脚的身体伸展开那样，做出了一个大胆的决定。他用所持资金在富山县成立了一家纺织公司，名为吴羽纺绩。吴羽纺绩公司不断成长，日后与伊藤忠、丸红并称为第二代忠兵卫旗下公司的“御三家”[1]。

第二代忠兵卫为何将纺织工厂的选址定在了富山县，而不是关西地区？这其实缘于第二代忠兵卫与来自富山的经济家山田昌作的一次交谈。山田昌作后来就任为北陆电力的社长。

一本记录了山田之业绩的传记中记载了下面这篇文章：

尽管北陆地区的工业领域百花齐放，但绝对不可轻视纺织业的发展。现如今，该地聚集着钟渊纺织、富山纺织、吴羽纺绩、日清纺织、仓敷人造丝、人造丝制纸工厂等各个工厂及企业，而为此盛况打下纺织工业之地基的便是吴

[1] 御三家，日本社会名词，源自江户时代德川幕府的继承制度，后引申为某个领域的三巨头。——编者注

羽纺绩的创立人伊藤忠兵卫。

大正末期，正如前文所记，由于富山纺织公司经营不善，伊藤忠兵卫挺身而出，为重建富山纺织公司而担负起该公司的管理经营。（中略）

昭和三年、四年（1928 年、1929 年），日本经济千疮百孔，国家陷入经济萎靡的最低谷，各类产业均因经济萎靡难以为继。在这样的境况下，大胆的伊藤忠兵卫却计划着建立一家新的纺织产业，即吴羽纺绩。对于普通人来说实在难以想象。

此时正是扩张事业的机会，毕竟土地、建材、人力费、原材料等价格都很低廉。

这便是伊藤忠兵卫的想法。他迅速找了山田昌作一同商谈此事。（摘自《山田昌作传》，河野幸之助著，日本时报社出版局出版）

在经济萎靡、所有企业都想着缩减业务之时，第二代忠兵卫却认为“需求迟早会恢复”，并据此采取了对策。新公司设在富山县的一个原因是与该地电力公司核心人物山田昌作相熟，另一个原因是富山县拥有发展纺织工业的必备条件。

各个工厂相继在本县（富山县）建成的原因有以下几点：电费与工业用水便宜，气候适宜（在空调技术尚未普及的时代，本县潮湿的气候可以有效防止丝线因过于干燥而开裂），当地政府的大力扶持，女性劳动力充足（当时的纺织业是女性劳动力密集型行业，女性劳动力资源十分重要）。（摘自《富山的智能生产》，北日本新闻社发表）

富山县是日本首屈一指的水利发电强县，其电费也是全国最便宜的。相较于关西地区，该地经营纺织工厂的成本更低，投资回收期更短。

此外，信仰净土真宗的近江商人第二代忠兵卫对富山县感到十分亲近。净土真宗的信仰深深扎根此地，富山县甚至被誉为“真宗王国”。也许正因为大部分居民与第二代忠兵卫有着同一信仰，所以当地民众才能更加尊重他的工作，才会有以山田昌作为代表的当地人对其施以援手。

得益于金融恐慌后日本经济的恢复，再加上其产出的棉纱、棉布均由伊藤忠、丸红垄断售出并出口海外，吴羽纺绩大获成功，在“一战”后的一段时间内甚至支撑起了伊藤忠与丸红两公司的业务。

战后，《钻石》杂志中曾有如下记述：

（第二代忠兵卫）于昭和四年（1929 年）7 月，创立了旧吴羽纺绩公司。

这一年，不论是国内外的经济状态，还是纺织行业的经营情况，均处在最低谷。吴羽纺绩可谓诞生在风雨飘摇之际，但其成立以来的发展成果却令人瞩目。先后建成了吴羽工厂与井波工厂，且于昭和九年4月与富山纺织合并为一体。创立仅5年便拥有纺机256032锤，织机2648台，位列业界第八。

据说吴羽纺绩在创立的第二年便对股东支付了8%的分红，由此可见，其在开业之初便取得了较高的成绩。

《钻石》杂志所记之“锤”，为棉纱生产过程中使用的卷线装置的数量单位，数量越多越能证明工厂规模之大。织机则指纺织机械，以“台”为单位。

吴羽纺绩之所以能在短短数年业绩排名第八，关键在于它选择采用最新式纺机与织机，既提升了产品质量，又提高了生产效率。公司使用的大牵伸精纺机在当时还处于实验阶段，尚未达到应用阶段，但公司技工们已经熟练掌握了这种最新式纺机的使用技巧。

发明王丰田佐吉与其长子，也就是后来创立了丰田汽车公司的丰田喜一郎，共同改良、研制了以生产效率高而广为人知的“G型无间歇换梭式丰田自动织机”，吴羽纺绩采用的便是这一机型。“无间歇换梭式”指的是在高速运转中也能丝毫不影响速度，自动更换梭子、补充横线的装置，其综合性能被评为世界第一。

世界上其他纺织工厂还停留在使用旧式机械的阶段时，第二代忠兵卫的工厂已经先一步配置好了最新式的纺机和织机，基本上不会产出残次品。再加上电费低廉，手下的女性劳动者皆是能工巧匠，就算不开拓客户，其产出也有伊藤忠与丸红两社接手营销。

第二代忠兵卫所做的只是修建了一座积蓄着各项制胜要素的新型工厂，剩下的就交给运气了。在工厂生产迈入正轨、逐渐增产之时，日本国内相继爆发的 4 次恐慌也结束了，迎来了“军需景气”的时代。

随着吴羽纺绩的产品陆续销往日本国内外市场，该公司成为第二代忠兵卫手下“御三家”中的“领头羊”。这自然是因为三家公司中，吴羽纺绩的盈利远超伊藤忠与丸红。

一座制造厂，只要厂内研发出的新品能够引发热潮，就能迅速席卷市场成长壮大。与此相对，商社则是经销厂家制造出的商品，利用经销费赚钱。经济景气的时候订单增加，不景气的时候库存累积。虽然经营风险比制造厂小，但即使经销商品成为热门，盈利也不如制造商多。

第二代忠兵卫也认为创立吴羽纺绩是自己一生中最大的功绩。

吴羽纺绩大获成功的原因有三。一是日本国内经济的复苏；二是因政府再度禁止黄金出口而导致日元贬值，出口扩大；三是军需的增长。

1931年，犬养内阁[1]的藏相高桥是清[2]再度禁止黄金出口，废止日元与黄金的兑换制度。日元汇率下跌，1932年跌至1美元约为5日元，汇率还不到之前的一半，日元贬值。

日本棉纺织品取代出口减少的生丝、绢织品，飞跃般扩大了出口量。棉纺织品的出口规模甚至超越了英国，成为世界第一。日本进口的产品则主要是棉花、石油、废钢、机械类，基本全部来自美国。

昭和时期，“二战”前的日本利用出口棉纺织品挣得的金钱大量进口美国的棉花、石油、工厂机械。那时，不要说与美国交战，哪怕只是断交都会使日本经济迅速崩塌。

高桥是清还推行了另一个财政政策，即在政府财政赤字的情况下发行国债，用于补充军费以及援助农村经济。

在政府财政赤字缓解、出口扩大的影响下产业经济发展向好，日本先欧美资本主义国家一步摆脱了经济恐慌，1933年恢复至恐慌爆发前的生产水平。直至现代，一旦遇到金融危机，必然会有人提议“参照高桥是清的财政政策”。利用增加财政支出与振兴出口经济克服金融危机，增建公共事业、开放模范城市、扶持出口厂商，然而，在现代社会这样做，却不见得能像当时那样取得较大成效。

[1] 1931—1932年，以日本第29任首相犬养毅为核心的内阁，芳泽谦吉任外相，高桥是清任藏相，荒木贞夫任陆相。——译者注

[2] 生于1854年，日本第20任首相。曾8次出任日本藏相，推行高桥财政政策。1936年被叛军刺杀身亡。——译者注

在高桥是清生活的时代，人口总量不断增加，因此其财政支出政策才卓有成效。而今面临人口逐渐减少的局面，即便扩大了财政支出，振兴了出口经济，仅靠这两点不足以让经济复苏取得较大成效。要想经济逐渐好转，只有两种方法：要么增加人口，要么建立新兴成长型市场。仅靠财政支出在短期内很难见效。

伊藤忠

第三章

战争与商社

海外分店业绩萎靡之时，仍向职工发放大额奖金

伊藤忠商事于“二战”后重建，越后正一是战后的第二任社长。在高桥是清财政政策推行之初直至日本战败期间，他被派驻在伊藤忠中国青岛分店。他曾谈起战争爆发前，伊藤忠海外派驻员工的工作情况。

昭和七年（1932年），我接到了公司委任我为中国青岛分店副店长的通知。（中略）

远赴青岛后，我发现这里与日本国内不同。日本国内因日元汇率下跌而出口大增，经济好转；这里则汇率居高不下，经济十分萎靡。当年的分店长因辛劳过度头发都掉光了。这是让人笑不出来的真实情况，身为副店长的我也十分愁苦。自己都觉得这下真的坚持不下去了，还好有位前辈教我通过打高尔夫球放松身心，算是支撑我渡过难关的心理救赎。（中略）

虽说当时我们在中国的各个店铺业绩都不太好，但是因为日本国内经营得不错，伊藤忠给所有员工发放了奖金。

我永远不会忘记，在昭和八年，我在半年间领到了 8500 日元的奖金，下一季度又分到了 9500 日元。而当时青岛地区沃尔瑟姆产腕表也才售价 26 日元，可见奖金之丰厚。（摘自《我的履历书 经纪人 16》，日本经济新闻社发表）

对于在海外各国拥有众多分店的贸易商社来说，领导者在指挥全局时，总会遇到类似的难题。各个分店所在国家的经济状况不可能是一致的，各个国家的经济发展形势有好有坏。领导者必须做到着眼全局，谨慎决策。如果仅看市场状态良好，便向某个地区、某个部门投入大量的人力和资金，那么一旦该地经济发展不乐观就会产生极大的损失。

此外，正如前文越后正一交谈时提到的那样，对在亏损的海外分店工作的员工一视同仁，分发奖金是很有必要的，不论奖金是多是少。当时，支撑着越后正一在一直亏损的店内勉力工作的正是公司发放的奖金和高尔夫球运动。若没有这几笔奖金，也许越后正一也会精神压力大到头发掉光吧。

贸易商社社长和拥有众多海外分公司的企业经营者必须做到理解与尊重那些被分派到各个国家、各个部门的员工。如果不能体察远赴他国辛苦工作的员工之心情，并以此为准设立奖金额度，那么员工士气自然得不到保障。

时代的车轮驶向了战争。军费飞涨的同时，军需工业及其他相关产业蓬勃发展。

1931 年，日本政府颁布了《重要产业统制法》，决定批准各类产业部门间的联合垄断行为，限制生产价格等。《重要产业统制法》将民营企业统一管制，由政府控制产业及企业的发展。

1934 年，日本以八幡制铁所为中心，兼并联合了一些其他制铁公司，成立了半官营半民营的国策公司，即日本制铁公司，确立了钢铁自给体制。鲇川义介的日产财阀、野口遵的日室康采恩[1]等新财阀，与日本政府关系紧密，在新兴的汽车工业及化学工业领域举足轻重。新兴财阀与军部勾结，向朝鲜及中国等扩张势力。

自幕末时期便为政府服务的三井物产、三菱商事则在重化工业领域几乎没有发展。不过随着军需费用的增长，它们充当着财阀企业内的协调者，在这个时期进入了新的领域，进一步致力于资源的确保。

即便《重要产业统制法》的影响日益扩大，伊藤忠仍未改变初心，将大批棉纺织品销往海内外。而 1938 年日本通商产业省[2]发布的棉纱配给统制规则，给伊藤忠造成了极大的影响。

[1] 康采恩为德语 Konzern 音译，实质是一种资本主义垄断组织的高级形式。——译者注

[2] 日本旧中央省厅之一，负责制定并实施产业政策。——译者注

通商产业省禁止了民用棉纺织品的生产制造，要求国内产出的棉纺织品全部面向海外出口。

日本政府意图通过出口棉纺织品赚取外币，利用这笔资金储蓄石油，进口武器等机械，鼓励生产军需产品。基于此，发布了棉纱配给统制规则。此后，除以往购置的衣服，平民百姓能够添置的服饰面料便以涤纶为主了。

涤纶是人造纺织的短纺织、涤纶短纤的简称。与之类似的还有人造丝，不过人造丝属于长纺织。两者的原料均为木材原液，因与价格高昂的丝绢类似而被研制生产。涤纶与人造丝都可以在土壤中自然降解,故而也称再生纺织。

棉纱配给统制规则发布后，伊藤忠将产自同一集团吴羽纺绩的棉纱、棉布用于出口，面向国内市场则越来越多地经营棉花以外的纺织品，如涤纶、人造丝、羊毛等制品。在此期间，伊藤忠在棉纱经销量上占据了业界最高份额，且在人造丝和毛线经销额上也成为业界之首。不仅如此，伊藤忠还增加了铜矿、盐、硝石、萤石、废铁等的进口。

1937 年，日本政府开展了国民精神总动员运动，统制了棉料服饰，提倡节俭，鼓励储蓄，勤劳工作、改善生活成为当时民众的生活指南。

日本政府还加强了对奢侈潮流之风的限制，形成了男性学生不能长发、女性也不能烫发的社会氛围。繁华街道不再灯红酒绿，歌舞厅接连关闭，奢侈品的生产与买卖受限。

日本政府鼓励男性身穿国民服[1]，头戴战斗帽[2]，女性穿扎腿套裤。棉纱配给统制规则发布的1938年，政府将町内会[3]、邻组[4]制度化，强制命令国民依照国家政策生活，相邻居民互相监督对方的生活态度、日常服饰和思想觉悟。

这就是当时日本民众的日常生活，想一想都会觉得毛骨悚然。而战争爆发前及战争时期的普通百姓一直过着这样的日子。

“二战”时，美国作为日本的交战国，切断了铁、飞机燃油等物资的对日出口。日本的战时体制也因此进一步强化。民营企业的工厂被征为军用，生产原料、资源材料均由日本政府分配。自然，生产价格也不再由企业做主，而是归政府统一管制，企业运营也涵盖在了国家管理之下。

战时统制经济体制下，伊藤忠与其他日本商社的企业经营均受国家限制。日本在侵华战争前期暂时还能从英国、美国进口原料、机械类产品，但德国闪击波兰后，日本与欧美各国的贸易也断绝了。

日本商社进行贸易的区域仅剩下中国和一些被日本占领的亚洲国家。贸易类型也是国家政策定好的，工作内容

---

[1] 1940年，日本政府颁布实施了《国民服令》，要求所有男性必须穿着与日本陆军军服相似的“国民服”。——译者注

[2] 日本最常见的一种军帽，采用棉布或毛呢面料，两边各有3个通风孔，后配有帽垂。1940年成为日本的国民服，全民皆戴。——译者注

[3] 由居民组成的社区基层自治组织，类似于我国的居民委员会。——译者注

[4] 由江户时代的五人组发展而成，也称邻保班，一般由约10户居民组成，互相监督。——译者注

由日本政府指定。

伊藤忠的工作是将吴羽纺绩生产的棉纺织品及其他纺织品出口海外，同时从海外进口原料及矿产资源。

在战时经济体制下，不论是三井物产、三菱商事还是伊藤忠，抑或是其他商社，与其说是民营企业，不如说是日本政府的指定机构。

由片假名书写的社史

1931 年九一八事变后，日本逐步侵入中国，扶持了伪满洲国傀儡政权。1937 年卢沟桥事变后开始全面侵华战争。其后，如历史教科书所记，日美之间的太平洋战争爆发。日本于 1945 年 8 月 15 日战败。

在此期间，伊藤忠一直遵照国家战时统制体制，于 1941 年与兄弟公司丸红、钢铁商社岸本商店（今大铣产业株式会社）合并成为三兴株式会社。

1944 年，三兴株式会社又与吴羽纺绩、大同贸易合并，成立大建产业株式会社。

第二代忠兵卫经营的伊藤忠、丸红、吴羽纺绩，3 个公司就此融合为一体。

由于合并前，第二代忠兵卫在经营管理这 3 个公司时十分严谨，合并后各自的业务在实质上也几乎没有变化。在战时经济统制时，应军需之要，吴羽纺绩不仅要生产棉纺织品，同时还要负责木制飞机、化学制品等的生产。

合并后的商事部门负责的业务便是“时局事业”与军需。“时局事业”指的是应战争与国民生活所需进行物资调配。

以时局为准将除武器外的军需品、生活用品进行调配。从东南亚进口的是石油、金属类、木材等物品。从中国进口的则是棉花、小麦、杂粮、花生、牛油、猪鬃、烟草、蛋粉、稀有金属、日用品，以及在华工厂（在华日资纺绩工厂）产出的棉布。

调配物资并不意味着免费获取，社史内未曾记下花费了多少金额，但支付时使用的是联银券[1]。不过，联银券等与日元等价流通的货币在日本战败后均不再流通，形同废纸。

海外分店的员工为“时局事业”努力工作，随着日本战败，在交易时，愿意接收联银券等货币的当地商人越来越少。员工便关闭了分店，希望早日回国，但因船舶数量不足，最终一直等到日本战败后才重返日本。

侵华战争时，中国青岛分店的店长越后正一代表军队负责“时局事业”的“收购”任务。用联银券等与日元等价流通的货币,大量收集购买物资。收购的物资一般为花生、棉花、大豆。他负责源源不断地收集、购买，并运送至内陆地区。

日本即将战败之际，越后正一成为朝鲜总经理，驻扎在首尔。在那里他的工作是在军队指挥下进行事业投资。投资糖果工厂、旋盘工厂、缝制工厂、水产品公司、汽车修理工厂的经营与运营。

[1] “中国联合准备银行兑换券”的简称，是“中华民国临时政府”汪兆铭伪政权发行的纸币，与日元等价流通。——译者注

“我投资的最优秀的工厂，是位于离首尔较远的山区的木炭制造厂，也就是一座烧炭厂。”（摘自《我的履历书》）

日本战败后，越后正一整理好了分店，派日本员工回国，向本地员工发放了辞退金。他尽职尽责地做好了关闭分店的工作，后因“日本企业核心干部”的身份入狱。监禁 21 天后，他被释放出狱，回到日本。

越后正一就任社长后，提拔了战后被扣押在西伯利亚的濑岛龙三并加以重用。据说越后正一想要培养濑岛龙三接任自己的社长一职。

国内的大建产业受战争的影响变得千疮百孔。位于大阪的总部、员工宿舍、各地的事务所等共 10 处遭受了战争的打击。富山县的吴羽纺绩拥有的 17 座工厂中，3 座被征用为飞机制造厂生产木制飞机，遭到了空袭。

与制造厂吴羽纺绩不同，伊藤忠和丸红并没有工厂。即便商社因战争失去了事务所，但只要找到新的事务所便能继续经营。工厂一旦设备受损，技术人员便会立即失去工作，陷入生存困境；而对于商社而言，只要员工还有干劲，即便没有事务所也能继续工作。由此可见，商社这一商业形态在面临战争、灾害等危机时，比制造厂更灵活。

关于太平洋战争，社史平淡地将惨痛的现实情况一一记下。伊藤忠的社史从不死板单调，所记所载均体现着要求编写社史的第二代忠兵卫之个性与思想。

“日本为何要做出与美国交战这样的愚蠢之事？”从

这句话可以读出第二代忠兵卫对日本政府、军部的愤怒之情。正如被井上准之助看透的那样，第二代忠兵卫其实是一个“情绪强烈”的人。社史中记载了他对“发动不可能获胜之战”的政府的抗议，以及对“无力阻止”这一切的民众的悔恨。

1969年编成的社史（旧版100年史）只使用了汉字和片假名。这是第二代忠兵卫为普及使用片假名横向书写特意要求的。他还曾为此成立了一个名为“片假名会”的团体。

正因如此，吴羽纺绩、伊藤忠直到战后的某个时期，社内书写始终采用片假名。有些老员工还记得“刚入职时公司文件都是由片假名书写的”。在社史“战争走向终结”一篇中，有这样的记述：

昭和十二年（1937年）至昭和二十年（1945年），历时8年之久的世界大战，其中，陆军的战争死伤共计518万人；普通百姓的伤亡人数为55万人；受灾人数为804万人；房屋彻底被毁数为233万户；房屋半被烧毁数为11万户（两者合计为全国房屋总数的17%）。战争总经费为2240亿日元，特别是昭和二十年一年间的战争经费达到了850亿日元，占国民生产总值的94%。（中略）

国内的生产力遭到了毁灭性的破坏。若以昭和十二年的矿工业生产的生产资料为100，则昭和二十年的生产资料即为35.6，消费资料跌至5.6。战败两年后的昭和二十二年，同指数生产资料为40，消费资料为13，仅仅增长了一点点。

农业生产额也剧烈下跌，昭和二十年的米麦生产总额也受到了大歉收的影响，仅有5616万石，暴跌至昭和十二年8916万石的60%，昭和二十二年也只恢复到了7317万石。

日本的生产力大大下降。在战败后的一年内，有440万一无所有的被遣返人员回国。其后，由于日本政府为结束战争支出了临时军费300亿日元，即使释放了为决战储蓄的物资也仍是杯水车薪，很快便引发了强烈的通货膨胀。

以战争结束那年的批发物价为准，昭和二十二年末批发物价涨至27.6倍，零售物价也暴涨至30.6倍。

国民营养失调、在半烧毁的防空洞内生活、黑市经济横行、道德沦丧……国家四处弥漫着黑暗。

政府为抑制通货膨胀，于昭和二十一年（1946年）2月17日颁布了《金融紧急措施令》，封锁存款并改用新日元。此外，政府还于同年3月3日颁布了《物价统制令》等一系列货币政策。然而，仅靠货币政策几乎不可能抑制通货膨胀，由此，政府在年末开始将重点放在煤炭与钢铁两大基础产业上，采取倾斜生产方式，将政策集中倾斜至煤炭和钢铁产业。经过这一系列政策的实施，国内生产力终于开始逐渐恢复了。

战后销售的肉肠、酱油、干萝卜……

太平洋战争结束后，人人吃不饱穿不暖，再加上召回了派驻外地的员工，大建产业的商事部门只能咬牙苦撑着过日子。

凡是还有工厂残存的制造厂，只要有足够的资金和材料设备便能重新做回战前的工作，但手中“空无一物”的商社，必须先解决员工的温饱问题，再去寻找商机。

伊藤忠在全国范围内一共拥有60家分店和办事处，毕竟其他地区较都市来说更容易获取住房和食物。将员工分散在各个地区以解决温饱问题，这便是伊藤忠采用的经营措施。

恢复营业后，最先出售的是库存的纺织品和杂货。杂货种类繁多，主要有以下几种：

·食品

酱油、福神渍[1]、干虾、葡萄糖、香肠、咖喱粉、心太[2]；

[1] 一种以萝卜、茄子、莲藕、黄瓜等7种蔬菜为原料，经调味液腌渍浸泡而成的腌菜。常常作为咖喱饭的配菜食用。——译者注

[2] 日式凉粉，由红藻类植物石花菜所制，食用时一般压制成条再淋上酱汁。——译者注

· 家庭用品

釜锅、金属盆、刀具、手工工具、砥石、柄勺、茶碗、蜡烛、购物篮、鞋、木屐带、园艺工具、耙子等；

· 药品

医药品、化妆品、肥皂等；

· 工具、机器类

制粉机、切草机、铁锹等。

前文提到过的越后正一，在回国后担任金泽分店店长一职。

我被任命为金泽分店店长，负责在金泽分店与福井、富山两市开设办事处。

昭和二十一年（1946 年）1 月我便到达金泽就任了，但当时的分店内部完全没有商品可卖。实在没有办法，我只能采购了一些玩具、蜡烛等照明工具、和歌山县与静冈县的蜜橘、不知道塞了什么肉的香肠、化妆品等，把能买到手的所有产品都收购回来销售，蔬菜淡季时，卖得最好的商品是美浓产的干萝卜。（摘自《我的履历书》）

越后正一在战争的 8 年间，一点儿也不像纺织商社的员工，反而像一个经营百货店的大叔。不过，想必在其他商社工作的员工也是如此吧。

灵活应变可以说是现代商社人的基本素养。这些生活在战败时代的商社人看来却远比现代人更加自由灵活。不过也不限于商社人，身处危急关头，无论是什么工作，人们总能硬着头皮努力处理。

战败后进驻日本的盟军主要是美国军队。彻底毁灭日本的军事力量是联合军的基本方针，同时他们还负责为日本建立民主化政治经济制度。

为此，美国在日本投降的第二个月，便发布了对日管理政策：允许日本自主开展经济活动，但部分产业有为战争再次生产军备的可能，限制此类产业的发展。扶持劳动和产业相关的民主团体的发展，同时分散生产与货物流通相关行业的所有权。

依基本方针，日本解散了军事组织陆军省、海军省，并撤销了军事设施及准军事生产设施。其后，根据经济民主化政策，确定解散财阀、设定财产税、解放劳动力、改革农业制度。

伊藤忠、丸红、吴羽纺绩合并后成立的大建产业也是战后改革的目标之一。大建产业在战败后的第二年被指定为限制公司（第 5 批）和控股公司。

1947 年，日本政府制定了《经济力量过度集中排除法》，大建产业按法律规定，向控股公司整理委员会提交了“重组计划书”。随后，以分离制造部门（吴羽纺绩）与商事部门（伊藤忠、丸红）为中心，按企业重建整备计划进行了重组。

由此，大建产业分成了吴羽纺绩、伊藤忠商事、丸红、尼崎制钉所 4 家公司，各自开启了新的事业。同年，战后改革中盟军公布了一项决定，为伊藤忠带来了划时代性的变化。1946 年盟军发布了“公职追放令”[1]，经审查决定，将第二代忠兵卫和 4 名核心干部指定为被追放人员。此事之前，伊藤忠、丸红、吴羽纺绩均是在大老板第二代忠兵卫的亲自领导下成长壮大的。

第二代忠兵卫的经营方式与依附于日本政府、军部的财阀系商社并不相同。伊藤忠与丸红的总部均设在大阪，吴羽纺绩则设于富山县，与日本的中枢机关相去甚远，纺织产业也属于和平产业。然而，第二代忠兵卫却与那些始终从事军需产业的老板待遇相同，不得不从此退出企业经营。

被追放人员刚开始都是战争罪犯、协助战争者，以及大日本政治会重要成员，大政翼赞会、护国同志会的重要成员等，后以此为中心追放范围不断扩大，逐步将自战前便是大企业的公司干部、军需产业的干部等也纳入了追放范围。至 1948 年 5 月，有 20 多万人被公职追放。

世人对美国占领军推行的战后改革褒贬不一。因公职追放令被迫离职的政财界人士对此十分愤慨。失去了举足

[1] 1946 年盟军司令部发布，规定凡与战争有关人员，及在殖民地担任行政长官的相关人员，全部禁止再次担任公职和民间企业要职。——译者注

轻重的老前辈坐镇，中坚力量取而代之身负重任，日本经济界发生了翻天覆地的变化。社长、专务等相继引退，中坚员工突然成为领导阶层。作家源氏鸡太曾以此为主题写了一部小说《三等重役》，并被改编拍成了电影。不过，正是这些“三等重役”巧妙地指挥了日本的战后复兴。

日本战败那年，第二代忠兵卫 59 岁，在当时也算是退休的年纪，可能他也认为是时候了。他的追放令在 3 年后解除，其后他又相继担任了东洋纸浆监事、富山纺绩顾问等职务。除商业活动外，他还参与了一些社会文化活动，先后担任关西名校甲南学院的理事、理事长，推广普及片假名书写，吟诵爱好的俳句。此外，他还在经济杂志《钻石》中连载一些对谈。

第二代忠兵卫逝于 1973 年，享年 86 岁。在离世的 5 年前，第二代忠兵卫曾到歌手、演员宫城真理子为残障儿童创立的合欢木学园参观访问。他在报纸上读到了合欢木学园的建立原因，感到“无法就这样眼睁睁看着”，便带着一个装有丰厚捐赠金的信封，孤身前来探访。这笔资金是“合欢木学院收到的第一笔捐赠”（宫城真理子原话）。

第二代忠兵卫一直是说一不二的企业经营者，作为实业家留下了不错的功绩。在他的领导下，伊藤忠才得以从一个商店发展成为大型企业。他辞退了父亲那代留下的老顽固们，一边亲自培养部下，一边扩大公司规模，顺应时代之需，为伊藤忠增添了各种各样的畅销商品。

对他来说，最大的挑战便是吴羽纺绩这一制造厂的创立吧。锐意进取的经营者在赢得这次挑战后，恐怕会忍不住进行接连不断的新挑战吧，但是他却止步于此，进退有度，牢牢把握住近江商人特有的分寸感。

如果问第二代忠兵卫有没有经历过事与愿违，那么当他苦心经营、好不容易发展壮大的吴羽纺绩的工厂要被征用为木制飞机工厂时，心中一定不太情愿。日本的截击机对上美国的B–29轰炸机，毫无胜算。日本军部却要求“使用木制飞机对决”而强制工厂生产木制飞机。即使不是第二代忠兵卫，军部犯下的错误，人人听了都会感到震惊。

战争结束后，第二代忠兵卫从工作一线退下来，在热海来宫的别居安度晚年。伊藤忠的社长、干部等人定期来此拜访。尽管干部们会向他汇报公司经营的近况，但他不会对此发表否定意见，更不会指挥干部们“要这样做”。他看着伊藤忠从纺织商社逐渐转型成为综合商社，大力支持部下们的方针措施。

如果有人问在伊藤忠的发展长河中哪一位领导者贡献最大，答案一定是第二代忠兵卫。虽说创始人是初代忠兵卫，但规模只有普通商店那么大。而第二代当家人则把小小的商店发展为公司，并且使其成长为“二战”前全日本屈指可数的企业集团。

虽然战后的历代经营者也做到了将公司发展壮大，但是他们的功绩大多得益于经济快速发展这一优越的时代环境。

第二代忠兵卫保护公司有惊无险地度过了战前爆发的4次金融恐慌，在战争中保全了公司，不仅熬过了商业活动相当困难的时代，还成功创建了吴羽纺绩这一新兴企业。

在各大公司的第二代经营者中，第二代忠兵卫堪比岩崎弥之助。岩崎弥之助是岩崎弥太郎之弟，带领三菱集团成为日本最强的集团。

支撑战后商社的人们

对于战前便是企业经营者的那些人来说，公职追放也许十分残酷，但对于日后日本经济的发展，公职追放并不全是坏处。GHQ[1]发布公职追放令的首要目的是消除孕育战争的政治经济体制，而其带来的另一个成果，便是促进了日本社会年轻化。

“从政治家到企业经营者，全部换掉是件好事。”曾任世存集团总帅的堤清二如此评价道。在入职西武百货店从事经营管理工作之前，堤清二曾做过时任众议院议长的父亲堤康次郎的秘书。有机会与佐藤荣作、田中角荣等有一定影响力的政治家和高官交谈。堤清二同时是诗人、作家，笔名辻井乔，与三岛由纪夫等文学家关系密切，一直与日本政治、经济、文化的核心人物保持着往来。

堤清二真切地表示，“公职追放推动了索尼、本田、西武百货店的诞生”。“公职追放实施后，生于明治的老经营者一下子全部隐退了。最关键的点就在于‘全部’。

[1] 联合国军最高司令官总司令部的简称。——译者注

老前辈走后，三四十岁的年轻经营者成了公司的代表。如果只剩银行的领导层是老前辈，在不了解新兴产业的情况下，他们自然也不会轻易发放贷款。本田、索尼、西武百货店这一批新兴企业就得益于银行领导层的年轻化。大家都是年轻人，都很清楚新兴事物的价值，沟通交流也更便捷。”

得益于公职追放，日本社会的上层焕发了新的活力，产生了积极对待新事物，肯定自美国进口的新产品和服务的社会风气。战后改革的成果之一便是推动日本社会更加认同、更加关注年轻与新鲜的价值。

如果堤清二还活着，他肯定会说：“社会核心力量的年轻化是件好事。把令和年代的政治家、经济家群体中的老年人全部赶下台，日本的经济立马就会重新焕发活力。”

话题转回伊藤忠。日本战败后，伊藤忠从大建产业中分离重建。实际上，当时的社会环境对伊藤忠来说并没有那么严苛。

战败后的 4 年间，伊藤忠确实过着在温饱线挣扎的生活，无论什么商品都收购经销。不过，纺织产业的重振远远快于重化工产业，成为日本主要产业，负责满足国内需求及海外出口。

1949 年，日本因道奇路线[1]这一经济计划陷入严重的

[1] 1949 年，为实现日本经济的自立与稳定，GHQ 经济顾问道奇推行的经济政策，又称道奇计划。——译者注

经济萎靡。1950 年，朝鲜战争爆发，日本接到了大量军事需求，即“特需”，为美国军队提供武器、子弹，修理军用车及军用机器等。战争产生了巨大的需求（朝鲜特需）。

朝鲜特需促进了战后经济的复兴，世界经济也在逐渐回暖。美国经济发展顺利，日本扩大了对美出口。对美出口的中心是纺织品。据说当时的日本纺织产业，只要织机“嘎吱”一下开始运转，便能盈利 1 万日元，还出现了“嘎吱 1 万景气”这种说法。

日本的经济复兴进展顺利，1951 年，工业生产、实际国民生产总值、实际人均消费等恢复到了“二战”前的水平（1934—1936 年的平均水平）。

1951 年，高原友生加入了伊藤忠。高原友生生于 1925 年，“二战”时被远派缅甸[1]，战败后于 1946 年返回日本。进入东京大学法学院学习，毕业后入职伊藤忠，后逐渐晋升至专务取缔役。当时的职业军人在就业时受一定限制，比如新闻行业，美国占领军禁止职业军人入职报刊发行量超 30 万的大报社。当时的军人就算逃过了公职追放，其工作选择依然受限，没有职业自由。高原友生想要从事关乎民族生存的商业的相关工作，为此选择了加入综合商社。不过，他不考虑进入三井物产、三菱商事等财阀系商社。

“战败后心中情绪纷杂，不想加入财阀。”他选择了

[1] 1942 年初，日军侵占马来西亚后，开始入侵缅甸，在缅甸实行殖民统治，直至 1945 年战败。——编者注

伊藤忠，可能是认为主营纺织的伊藤忠不仅属于和平产业，而且还是出口产业吧。

当时，三井物产、三菱商事因解散财阀的政策，公司遭到了分割解体。住友商事改称日本建设产业，转为商社开始了营业，但因住友财阀在“二战”前“禁止商社活动”，所以在商社业界内暂时没有取得什么成绩。1952年，日本建设产业再次改名为住友商事，重新出发。

由于三井物产与三菱商事被强制拆分，朝鲜特需产生时，伊藤忠在商社业界留下了营业额最高的纪录。高原友生在自己的书中记载道：

当时贸易商社中的代表性企业有：被誉为“五棉”的伊藤忠、丸红、东绵（东洋绵花，后称东绵，与丰田通商合并）、日绵（日绵实业，后称日绵，与日商岩井合并成为双日）、江商（兼松[1]前身之一）。而它们的营业额均以伊藤忠为准。比如昭和二十五年（1950年）3月期结算中，伊藤忠的营业额为2079亿日元，那么其他4个公司的营业额就会为1××亿—12××亿日元。

对于伊藤忠来说，国内贸易与对外贸易的比例为4：6，商品类别上，纺织品与非纺织品的比例为9：1。战后经济复兴时，日本最先推动发展的就是拿手的纺织产业。（摘

[1] 日本最具代表性的八大商社之一，主经营机床和产业机械。——译者注

自《商战》，高原友生著，中央公论新社出版）

战后伊藤忠的初代社长为小菅宇一郎。他在战前便一直是第二代忠兵卫的部下，实在很难称其为年轻化经营管理阵容。他原封不动地继承了第二代忠兵卫的经营方针，希望在纺织商社一途带领伊藤忠进一步发展。

当时的伊藤忠总店位于大阪，在全国拥有 17 家分店，1282 名员工。高原友生将员工安置在大阪市旭区的员工宿舍。每两人共享一间 6 张榻榻米大小的房间，并从这里通勤。月薪为 8500 日元。在当时，就职国家公务员的大学毕业生，工作第一年的月薪为 5500 日元。与之对比，伊藤忠的月薪还算可以。不过，员工认为“受通货膨胀影响，月薪有些低”，由工会副书记长向公司提出了“涨薪约 60%”的要求。伊藤忠没有满足员工涨薪的要求。高原友生入职的 1951 年，与拥有朝鲜特需订单的前一年相比，纺织品的需求断崖式下跌，经营业绩萎靡。

1950 年度（1951 年 3 月期结算）的营业额为 476 亿日元，利润为 6.5999 亿日元。第二年同期营业额为 582 亿日元，利润降至 5.1503 亿日元。1952 年之后有所好转，只有高原友生入职的 1951 年堪比战前金融恐慌时“困苦之年”的境况。

伊藤忠在前一年实现了盈利，便雇了更多的员工。这导致各项经费增加。此外，公司因高额业绩备受鼓舞，派发了 60% 的高额股息，手头的现金即将耗尽。即便如此，伊藤忠依然保持着坚实稳定。因特需逆转而业绩急转直下的基本上是中小型纺织公司，如新纺[1]、新新纺[2]等公司。新组建的纺织公司中，被称为“缝纫机”的缝纫工业者与被称为“织屋”的纺织工业者因商品滞销，资金不足，从而接连倒闭。

在那个时代，银行无法直接给新兴纺织公司贷款，只能以伊藤忠等老牌纺织商社为中间人，由商社经手，给予各种中小型纺织公司支援。而这些中小型纺织公司的倒闭，给伊藤忠带来了数十亿日元的借贷，还好住友银行成了伊藤忠的坚实后盾。也是因为当时的住友商事还没有发展成住友系列商社，所以伊藤忠才得到了住友银行的援助。

在伊藤忠的发展历史上，这一年经历的危机是与第一次世界大战后的恐慌时期相并列的。

幸运的是，业绩萎靡仅用一年便恢复了原样。只要资金尚存，纺绩公司、纺织公司、缝制公司便能生存下来。“二战”后，人口总量不断上升，纺织品的国内需求也随之稳定增加。而日产纺织品在海外也广受好评，出口向好。各纺织公司逐渐恢复营业，伊藤忠也重获新生。

[1] 战后盟军总部对日本纺织业进行限制，除十大纺织公司外，符合行业准入标准并得以成立的新纺织公司仅有 25 个，这些公司后被称为“新纺”。——译者注

[2] 1950 年至 1953 年，新进入市场的纺织公司数量超过 100 家。这一时期成立的纺织公司被称为“新新纺”。——译者注

在纺织产业逐渐成长后，政府开始重点投资煤炭、钢铁、电力等行业，刺激这类产业活跃发展。这对1950年下半年开始的经济高速成长也有积极影响。高原友生在前面提过的《商战》一书中，将商社规模不断扩大的具体情况记录如下：

世界恢复和平，贸易商社面向全世界承担了食品、原材料的进口和产品的出口。事实上在这个时期，以棉纱、棉布为中心向地球上所有国家的市场进军时，总会有一个拿着大量样品到处推销的伊藤忠年轻员工在幕后活跃。

在家电制品、机械、汽车成为出口商品前，日本赚取外币的主力商品就只有纺织品。而在当今的令和年代，赚取外币的商品为汽车、工作机械、建设机械与金融投资，还有旅游业。如今似乎已经看不到纺织品的影子了，但优衣库等品牌的休闲衣、亚瑟士等品牌的运动衣在世界市场的存在感不低。虽说现如今的纺织产业不如汽车产业那么耀眼，但其依然是日本赚取外币的主要产业。

回归正题，伊藤忠在朝鲜特需逆转后出现了财务赤字，消除赤字不仅靠棉纱、棉布的海外出口，收回中小型纺织企业的借款也很有必要。

高原友生入职后分配在管理部，活跃在收回借款的第一线。为了追回借款，需要查清拖欠债务一方的财产，将其抵押并重新登记。之后，再强制欠债人在委托书上签字盖章。高原友生不仅能将欠债公司社长的住宅抵押，还能找出其情人的住房并同样抵押，甚至曾将欠债公司养在金属网笼中的 7 只牧羊犬“转让担保”。

派驻海外、在米其林三星餐厅优雅地商谈生意是商社人的工作之一，不过，将欠债人的家掘地三尺也是他们应做的工作。

伊藤忠

第四章

从纺织商社迈向综合商社

不向金融界法王低头的钢铁公司

“战后，‘综合商社’一词得到了广泛应用，是1955年（昭和三十年）我国产业界及新闻界的常用词汇。”（摘自《综合商社研究》，田中隆之著，东洋经济新报社出版）该书作者还表明，在“综合商社”一词出现之前，人们经常使用的表达是贸易商社、财阀系商社、纺织商社等。

“综合商社”这一新词汇的诞生大致有两个原因：其一，日本战败后被强制解散的三菱商事、三井物产，分别于1954年、1959年重新联合；其二，伊藤忠、丸红等纺织商社增加了经营资源、机械等产品的业务，以综合化为发展目标。再加上当时日本经济处于高速发展前期，在这两个因素的影响下，“综合商社”一词应运而生。

伊藤忠员工高原友生按照综合化发展的方针，在债权回收业务上工作了仅1年，1953年又调职到了金属部。金属部并没有设在伊藤忠大阪总部，而是设在东京皇居外苑护城河畔的岸本大楼处。岸本大楼为战前与伊藤忠合并的钢铁商社岸本商店所有。

高原友生的日常工作是负责采购钢铁原料煤炭，并将其售往钢铁公司。煤炭是炼铁的主要原料，在金属部，煤炭方面最具销售潜力，工作价值最高。在此简单说明一下钢铁与煤炭之间的联系。炼铁最主要的原材料有三：铁矿石、焦炭、石灰石。铁矿石在投入高炉冶炼前，需要与石灰石混合，再经高温熔融，凝固后制成烧结矿。焦炭则是由煤炭经高温干馏制成。将烧结矿与焦炭自高炉，即制铁炉的炉顶装入，并在高炉下部沿风口向高炉内鼓入 1200℃ 的热风及氧气，铁矿石就会因高温等产生化学反应熔化成水。炉内，铁矿石中的杂质会上浮，较重的铁（生铁）则沉在炉底。最后将生铁取出，进入制钢流程。铁矿石中的含铁量约为 60%，铁的提取必须从氧化铁里除去氧气（还原反应）。与铁矿石一同投入高炉的焦炭便是扮演了还原剂的角色。总之，煤炭不仅是一种燃料，还是炼铁工艺中不可或缺的原材料之一。

钢铁行业在战时几乎遭到了毁灭性打击。战争结束后，钢铁公司逐渐复兴了曾经的高炉，并修建了更多新的高炉。再加上引进了美国、德国等国的先进生产技术，钢铁的生产逐步恢复。伊藤忠留意到了日益增长的钢铁需求，为追赶三井物产、三菱商事的发展步伐，大胆尝试从美国进口原材料煤炭，并成功取得了进口机会。

当时，无论是哪家商社，将煤炭交付给钢铁公司的佣金（中介手续费）都是每吨 100 日元。虽然对商社来说手续费的单价并不算什么，但煤炭高达数千万吨时形成的手续费相当可观。不过，更关键的是在当时“铁即国家”的时代氛围下，经营钢铁还有利于商社声誉的提升。要想从纺织商社蜕变为综合商社，煤炭、铁矿石的经营和与钢铁公司的交易都是必不可少的事业。

即便如此，要想在三井物产、三菱商事这类财阀系商社一手遮天的世界站稳脚跟绝非易事。伊藤忠在业界第一的八幡制铁所那里吃了闭门羹，根本没被对方放在眼里。富士制铁、日本钢管倒是接受了伊藤忠的面谈，却始终没有发来订单。以高原友生为首的金属部职工们，遍访钢铁公司的采购专员，卑躬屈膝，与对方商谈生意。在预算有限的情况下，于年中、年尾的节点送去比其他公司更加体面的礼物，甚至招待他们出去餐饮娱乐。

将钢铁公司视为“士农工商”中的“士”一角，商社则是“商”。高原友生招待钢铁公司采购员到伊豆温泉旅行，并邀请他们一起打高尔夫球。他不仅得去采购课长家中取高尔夫球袋，又为占到火车座位，早早派新员工去东京站站台排队。这是在高尔夫宅配送、网上座位预约制度等还未发明的时代，他的真实工作经历。采购课长一身轻松，出门乘上伊藤忠派来的专车前往东京站。高原友生等人便在检票口迎接，再带他到火车车厢……

森繁久弥、三木纪平出演的有关昭和公司业务员的电影中，就有一模一样的仿若漫画的接待场景。高原友生等人费尽千辛万苦，想方设法与钢铁公司搞好关系。可惜的是，依然没有大型钢铁公司愿意与“纺织商社出身”的伊藤忠进行交易。

与钢铁公司中的后起之秀——川崎制铁的结缘扭转了这一颓势。高原友生在相亲成功后结婚，他的岳父正是川崎制铁的初代社长西山弥太郎。不过，高原友生可不是为了卖出煤炭才与妻子结婚，一切都是命运的巧合。西山弥太郎是一位硬汉，并不会因高原友生是女儿的丈夫就要求公司与之交易。不过，高原友生曾就读于东京大学法学院，西山弥太郎因此对他评价颇高。

幸运的是，当时的川崎制铁刚建好新的高炉，对伊藤忠来说时机正好。在此之前，拥有从炼铁到加工生产钢铁制品的一体化钢铁工厂的公司仅有 3 家，即从战前的日本制铁分离出的八幡制铁、富士制铁和拥有新建高炉的日本钢管。

川崎制铁、住友金属工业、神户制钢所等钢铁公司以前一直采用的炼铁方法是以废铁为原材料，将铁从其中提炼出来。所以这些公司并不需要铁矿石、煤炭等材料。川崎制铁的社长西山弥太郎下定决心，无论如何都要建成拥有高炉的一体化钢铁工厂。当时该公司在仅有 5 亿日元资金的情况下，计划花费 163 亿日元在千叶县建设年产粗钢 100 万吨的一体化钢铁工厂，并严格实施了计划。

在建厂计划敲定之前，西山弥太郎找到了时任日本银行总裁，素有“金融界法王”之称的一万田尚登，希望能从他那里拿到投资款项的一半，即80亿日元的贷款。他放低姿态，亲自前往日本银行总部拜访一万田尚登。但是，一万田尚登始终不肯点头。

当时的日本国内共有37座高炉，其中正常运转的仅有12座。一万田尚登断言西山弥太郎在千叶县建设新工厂是白费工夫。他还声称："西山，你若是不顾我的反对，一意孤行，川铁的千叶工厂肯定会杂草丛生，一片荒芜。"即便如此，西山弥太郎还是没有屈服于权威。他从日本开发银行和世界银行取得了贷款，建成了一体化钢铁工厂。1953年6月，他的高炉开始点火运行。

川崎制铁的一体化钢铁工厂的建设对于伊藤忠来说是个好消息。依靠高原友生的帮助，伊藤忠与新建的川崎制铁工厂达成了交易，负责煤炭、铁矿石等原材料的交付，以及工厂产出的钢铁制品的转销。

经营钢铁业务的妙处便在于此。原材料的收购与交付自不必说，川崎制铁产出的钢铁制品基本上卖给了川崎重工、川崎飞机、川崎车辆等川崎集团内部的公司。伊藤忠逐渐在这些大企业间取得了中介贸易的机会，迈出了从纺织商社到综合商社的第一步。

商社的作用便是切身体察时代风向，寻找新兴领域，并以此挖掘商机。建设工厂、研发新产品等需要花费大量金钱的工作由制造厂担负，而商社则帮助制造厂采购原料、收集信息、准备资金，必要的时候再进行一点投资。商社不是生产的主体，而是如影随形般依附于制造厂，与厂家共同成长。这就是商社的商业模式。

从战后到经济高度成长期，伊藤忠的交易对象不是老牌大型企业，而是各个新兴企业，纺织行业除外，规模庞大的大型企业与财阀系商社交情颇深,伊藤忠很难插一脚。即便有幸分得一杯羹，也只能拿到财阀系商社根本不放在眼里的微小利益。与新兴企业共事是存在一定风险的，不过，伊藤忠要想从纺织商社转型为综合商社的话，这是唯一的选择。还好伊藤忠的运气不错。在昭和时代的日本经济高度成长期，索尼、本田等制造厂，大荣、永旺、伊藤洋华堂等零售连锁企业，一批各种各样的新兴企业、大型企业纷纷涌现。这些企业的发展也离不开商社的组织协调、信息收集和营销。其后，伊藤忠逐渐增强了在合并时能力被削弱的部门的力量，于 1961 年合并了实力较强的钢铁问屋——森冈兴业，后又于 1977 年合并了在钢铁方面实力强劲的商社——安宅产业。就这样，伊藤忠的金属部门一步一步成长到了不逊于财阀系商社的程度。

不过，在石油、天然气等燃料乃至总体资源方面，伊藤忠与三井物产、三菱商事还存在一定的差距。

业务部

1957 年，高原友生从金属部的钢铁原料（煤炭）负责人调任，加入了新成立的业务部。

业务部相当于军事机构中的参谋总部，负责收集并处理经营者下决策时所需要的相关信息。有时也负责撰写一些有利于经营决策的建言，但一般只在经营者有要求时才做。虽然成员皆精英，但并不能左右公司的命运，仅仅是辅助经营者的“幕僚”。

伊藤忠为了从纺织商社迈向综合商社，需要不断地扩大经营商品的范围，由此，设立一个为公司规划长期性、整体性发展方针的部门是很有必要的。伊藤忠的业务内容不断扩充，业务部分为第一部（纺织）、第二部（金属、机械、石油）、第三部（食品、木材、化学制品），部员全是公司精挑细选的精英，学历高，擅长分析信息和书写报告等。所选之人无一不精通文书撰写。

伊藤忠的历任社长中，丹羽宇一郎便担任过业务部长，但小林荣三、冈藤正广没有在业务部工作过。由此可见，也许那些活跃在营业一线的，或是依靠直觉开辟出独特商业之路的人并不在业务部的选人范围内。

业务部成立的第二年，濑岛龙三以“嘱托”的形式加入了伊藤忠。

入职那年，濑岛龙三 44 岁。当时日本的平均退休年龄一般是 55 岁，以此为准的话，濑岛龙三可以说是“未来已成定局”，公司对他也没抱有太大的期待，而且他的待遇并不是正式职工，而是嘱托员工。“嘱托”的意思是，只需要“做一些简单轻松的顾问的工作”（高原友生原话）就好。

据高原友生回忆，嘱托员工一般没有具体的任务。濑岛龙三在作为嘱托员工工作期间，没有为伊藤忠做出任何贡献。

女儿的恳望

1911年，濑岛龙三出生于富山县西砺波郡松泽村（今小矢部市），从砺波中学退学后，考上了陆军幼年学校，随后顺利升入陆军士官学校、陆军大学就读，以第一名的成绩从陆军大学毕业。按当时流行的说法，他甚至比毕业于东京帝国大学德国法律专业的官员还要优秀。

濑岛龙三从陆军士官学校毕业后，分派在原队的富山连队，而陆军大学毕业后，则被派至参谋总部的作战课工作。日本战败的那一年，调任为关东军参谋，后被前苏联俘虏，关押在西伯利亚。直到1956年才得以回到日本。

濑岛龙三回国后的两年间，没有工作，蜗居在国分寺一栋市营住宅的两居室里。他的妻子在农林省畜产试验场工作，虽说他手头应该还有一些微薄的抚恤金，但一家四口几乎全靠妻子的1万日元月薪生活。而当时公务员工作第一年的月薪为9200日元。一家人日子过得并不宽裕。

濑岛龙三在他厚重的回想录《几山河》（产经新闻，新闻服务）中，记录了他们当时的生活状态。

有天晚上我和大女儿一起去澡堂，回来的路上，她忽然停下脚步对我说："父亲，我想拜托你一件事。"当我心里猜不透她想说什么的时候，她又开口道："我知道你迟早会再找工作，但唯独希望你不要考虑自卫队的工作。"

我便问："为什么？"她回答道："正因为父亲你的军人身份，母亲才在战后受了这么多苦，虽然母亲从未对你有过怨言。"大女儿的这句话仿若利刃，刺痛了我的心。

听过女儿干脆利落的发言后，濑岛龙三放弃了进入自卫队工作的想法。时机正好合适，他便决定进入伊藤忠工作。至于能不能在伊藤忠打拼出一番事业，那时的他完全没考虑过这个问题。

不为人知的贡献

濑岛龙三在日本战败后13年才重新就业。但军队解散后，大多数人陆续找了公职机关或民营企业的工作。日本战败时，陆军与海军总人数约为719万[1]。其中，伤残、失踪、战死的人数约为186万。数据有一些重叠，但当时身在海外的军人家属和普通民众约有660万人。这些人必须在国内找到工作才能生活下去。濑岛龙三也是回国寻找工作机会的，他的真实心态就是只要不是自卫队，什么样的工作都能做。

战后，除了高原友生、濑岛龙三，还有其他前军人入职伊藤忠。尽管大多数前军人选择在警察预备队和日本其后设置的防卫厅就职，但也有像濑岛龙三那样不愿再供职于军队组织的人选择进入和平产业工作。

这批从军队退下的男人为了生计大多在制造业，特别是汽车产业工作。不过，当时的汽车产业主要生产的不是私家车，而是坦克、公共汽车……

---

[1] 数据出自《昭和国势总览》（下卷），东洋经济报社出版。

这段时期，日本的汽车公司招收了大量的技术工人。对汽车行业发展做出巨大贡献的，基本上是战争年代从事飞机研发的那些人。由于占领军禁止日本在10年内进行飞机的制造、研究和设计。所以，这批技术人才便放弃了飞机设计，转而研发汽车。战后日本汽车产业的飞速发展，正是得益于这些人的研究。

濑岛龙三以嘱托员工身份进入的是航空机械部。这不是他本人的意愿，而是公司将入过伍的军人全部分配到此部门。高原友生作为陆军士官学校、陆军大学的前辈，了解到濑岛龙三加入了公司，便专门去打听了社长和领导层对他的评价。社长等人似乎没有什么特别的想法，只是轻描淡写地评论了一句："他曾经在军队，那应该是分在了前田手下的飞机（部）那里吧。"

飞机部，即航空机械部，部长是前田健藏。当时它是道格拉斯公司、比奇飞机公司、格鲁曼公司等在日本的销售代理店。该部门的业绩主要是，为刚起步的日本航空提供了4架客机道格拉斯DC4（国内航线专用）、5架DC6（国际航线专用）。另外，客机每次起飞停落时需要更换的零部件也由该部代销。零部件的供给十分重要，不容小觑。当时伊藤忠代理销售给防卫厅的机型是练习机——大型直升机，没有参与到战斗机商战中，实际上是没有资格参与其中。

即便濑岛龙三对航空机械一无所知，部门内的其他员工还是对他十分友好。但也有一本书曾这样写道："昭和三十年代初，社会对前军职人员的风评很差。公司其他员工对从西伯利亚回国的军职人员濑岛龙三冷眼相待。"

入职之初，低调工作

瀬岛龙三入职伊藤忠后，虽说分配到了航空机械部，但从来没有和前军人暗中勾结或为防卫厅工作过。他经熟人介绍，找到了一个民营企业的工作，刚进入公司，没有什么招揽大买卖、提升业绩的能力与人脉。伊藤忠的航空机械部代理了格鲁曼公司在日本的飞机销售，但自卫队没有采购格鲁曼公司的战斗机。

有些人认为选择采购哪个公司生产的战斗机都是由政治家等大人物暗中操纵的，其实不然，能实际左右军用机选购的，是那些将自己的生命托付于战斗机的飞行员。战前，中岛飞机公司为陆军研发了隼式战斗机，生产的零式战斗机数量甚至超过了三菱飞机公司。

同样是战前，负责中岛飞机公司机体设计的系川英夫曾断言："决定使用哪家军用机的是飞行员。"系川英夫其后作为火箭设计师，为日本的宇宙探索做出了杰出贡献。他曾在自己的著作中记述如下："机体设计的关键就在于是否能博得飞行员的青睐。如果一种机型被飞行员排斥，那么不论生产多少架，都不会有人驾驶。"（摘自《逆转

的设想》，PRESIDENT公司出版）

军用机大规模使用前，需经资深飞行员试飞。只有性能最佳、绝不坠落的飞机才能得到飞行员的认可。机枪等武器装备再先进、飞行速度再快，最重要的还是驾驶位的防护设备及操作性能。站在飞行员的立场想一想就明白了，安全的飞机才是最好的。需要真人驾驶的飞机、无人机、导弹、大炮、雷达设备等武器的采购自然不同，不可能只靠推销员的业务能力和后台人脉就下订单。就算被上司强行命令，也没人敢驾驶防护能力差的飞机。

话题回到濑岛龙三身上，成为一个普通的商务人士是他的心愿，加入伊藤忠也是为了生活幸福。濑岛龙三之名变得引人注目是在1973年，那一年作家山崎丰子在《Sunday每日》周刊连载了《不毛地带》一书。据说书中的主人公原型便是濑岛龙三，但他本人对此不置可否。不过刚刚入职时的濑岛龙三，一直在公司内低调行事，在社会上未引起更多关注。

1958年，濑岛龙三作为嘱托员工入职的第一年，薪资是妻子月薪的4倍。从此以后，濑岛龙三一家逐渐过上了普通水平的生活。

濑岛龙三的工作

濑岛龙三作为嘱托员工入职一年后，升职为航空机械部的副部长，第三年便升任机械部第三部长，第四年升任业务部长。虽然担任了航空机械部的二把手，但此次提升并不意味着他掌握了多少专业知识。这个时期，他才刚刚开始适应日本的商业社会。

回顾濑岛龙三的人生经历，13 岁到 33 岁，他所接受的都是正规的日本战前陆军教育，大部分时间在幼年学校、士官学校、陆军大学就读。虽然他曾经担任陆军大本营参谋一职，但是没有机会接触到中枢工作。其后，在 33 岁过后的 11 年间，他被扣押在西伯利亚，居住在俘虏收容所。回国后的两年内没有任何工作。他在 44 岁成为公司员工前，完全没有经历过真正意义上的职业生活。

濑岛龙三真正开始发挥自己的专长是在 50 岁担任业务部长之后。他的贡献不是在业务方面，而是在经营管理方面，作为经营者身后的一介参谋，以幕僚的身份对公司内部组织的整顿、加快综合商社化的进程贡献出了自己的力量。同时，他还指导员工们学会了战略性思考。

瀬岛龙三对伊藤忠的组织和员工进行了改良。而入职之初直至成为业务部长的这段时间，是他用来学习并深刻理解商社之工作的。自瀬岛龙三于1958年成为嘱托员工起，日本迎来了持续4年的岩户景气[1]。同一时期，昭和年代的经济高度成长期逐渐显露。

1959年，皇太子明仁亲王（现日本上皇）与正田美智子（现日本上皇后）成婚，黑白电视由此成为热销品。黑白电视、电冰箱、电洗衣机被誉为家电制品中的“三大神器”，逐渐走进了日本的千家万户。1960年，池田勇人首相发布了国民收入倍增计划。

伊藤忠彻底完成从纺织商社到综合商社的转型，是在岩户景气前的一段时间。伊藤忠为再次增加纺织品以外的商品种类，机械部、金属部、航空机械部、肥料部、物资部、纸浆部的部长纷纷离开大阪总部，前往政财界要人集聚的东京，驻守在东京分公司。其后，伊藤忠与在特定领域实力雄厚的商社一体化，整体上形成了综合商社的雏形。

在成功合并了大洋物产，获得了非纺织部门精英的同时，还将在中国贸易方面实力较强的经营权收入囊中（1955年）。接下来，与钢铁指定问屋森冈兴业合并，加强了与八幡制铁、富士制铁两公司的贸易往来（1961年）。

与森冈兴业的合并对伊藤忠意义重大。若想在铁矿石、

[1] 1958—1962年，日本企业在政府扶持下大量生产汽车、家电、钢铁，出现了第二次经济高潮，这也是日本经济高度成长的开始。——译者注

煤炭等资源领域扩大影响力，就必须先找到需求较大的贸易对象。伊藤忠身为纺织商社，哪怕打算大力宣传“我们这里有质量不错的煤炭，还可以给您优惠”，只要不是指定问屋，就连进入制铁公司事务所的资格都没有。

《综合商社研究》（东洋经济新报社出版）的作者田中隆之在书中提到了综合商社化进程中的伊藤忠：

曾以“贸易商社”为名的经营体中，出现了新的“综合商社”。其产生背景便是这些经营体逐渐进行的综合化变革。如后文所述，三菱商事、三井物产分别于1954年、1959年重组。着眼于此，1955年左右正是纺织商社、钢铁商社等商社之间，以战前两家公司为参考，将自家商社经营品类多样化的时段。（中略）

1953年，伊藤忠商事在第一次增资扩股时发布的招股说明书中首次以“综合商社”自称。

战争结束后，世界回归和平，日本的人口迎来了增长。通过努力工作赚到钱后，人们的消费能力有所提升，开始购入让生活更加便捷舒适的家电。家电的销量爆炸式增加，工厂最大限度地提高了产量。

建设工厂和零件厂需要大批资材、机械，工厂的运转也需要更多的燃料。日本必须进口更多的铁矿石、各类金属、煤炭、石油等资源。从海外进口的资源在工厂内加工，产出的商品再供应给国内外。

日本政府提出以加工贸易立国。该政策在经济高度成长期进入正轨。虽然战前日本已有加工贸易，不过当时的主要能源是煤炭，在日本国内也有开采。战败后，日本国内的煤矿资源逐渐枯竭，同时石油在世界范围内成为主要能源。日本国内缺少石油资源，只能依赖进口。战后，资源进口的不断扩大加速了国内加工贸易的发展。

综合商社的成长离不开加工贸易的发展。综合商社负责将资源从海外进口至国内，再将资源销售至各个生产公司、电力公司、石油化工厂等地，还负责将加工完成的产品推销给海外买家，将日本的产品远销海外各国。综合商社负责办理进出口资源、产品等所需的相关手续，安排运输。经济高度成长期和当时的消费者决定着综合商社的工作及贡献。

越后正一，伊藤忠的中兴之祖

1960 年，战后的初代社长小菅宇一郎卸任后，纺织部出身的越后正一成为伊藤忠的新任社长。越后正一生于滋贺县湖东地区。在战前，他是第二代忠兵卫的学生，并先后在县立八幡商业学校、神户高等商业学校完成了学业。从神户高等商业学校毕业后,他先是入职了合同纺绩公司。这是因为那年伊藤忠正逢业绩萎靡，没有招聘新员工。越后正一的父亲觉得入职其他公司实在“对不住忠兵卫先生的教导”，于是找到了伊藤忠的干部商谈说，即便不给工资也好，希望越后正一能加入伊藤忠。

就这样，越后正一辞去了合同纺绩的工作，入职了伊藤忠。同年龄段的同事们的工资为 75—80 日元，越后正一的工资仅为 40 日元。

即便如此，在接下来超过半个世纪的时间里，他坚持做到了为第二代忠兵卫、为公司尽忠尽职。就算已升任社长，他还是以伊藤家族从小培养的员工自居，始终将第二代忠兵卫的一言一行放在心上，率领伊藤忠进军其他领域，推动伊藤忠从纺织商社蜕变成了综合商社。

有意思的是，越后正一的座右铭出自井上准之助之言，正是曾打动过第二代忠兵卫的那番话。

第二代忠兵卫先生从小就教给我很多知识，谈及事业管理时，他曾告诫我，在经营管理中只重用人格高尚之人十分危险。他年轻时曾与后任藏相并推行金解禁政策的井上准之助结识，这句话就来自井上准之助在美国对他的教导。如果公司内全是正人君子，经营管理就会变得十分困难。一个人再有诚信，也不代表他的经营能力很强，不能将两者混为一谈。我觉得这句教导意味深远。而在现实中，确实有很多人用我不太赞同的行事方式取得了成功。我知道他们有自己的手段和努力，还有一些厚脸皮，换言之，有非同寻常的钝感。可以说人生就是由运气、根基与钝感决定的，也可以说人生靠的就是运气和“投机取巧”。（摘自《我的履历书》）

由此，想必越后正一自己便是以厚脸皮和非同寻常的钝感生存下来的吧。对此，他丝毫不做掩饰，身为经营者，越后正一一向精力充沛，操着一口关西方言在商场上压制对手。不过，他与东京大学毕业、官僚系作风的经营者完全相处不来，比如东京电力的哲人经营者木川田一隆。

木川田一隆曾轻视商社并批判道：“不过是一介商社……”还认为越后正一“是个对客户言听计从的关西大

叔”。自然，越后正一也对木川田一隆心有不满。

越后正一提拔濑岛龙三，并助其升上了专务之位。他所看中的并不仅仅是濑岛龙三的实力。除了三井物产和三菱商事两家公司，商社的总体地位绝不算高。因此，越后正一很可能是希望利用濑岛龙三的学历和经历提升伊藤忠的社会地位。

当伊藤忠的社长要与一位在商界占据主流地位且毕业于东京大学的政财界人士交锋时，如果他身边有一位在当时规格比东京大学还要高的陆军大学的首席毕业生做幕僚，便能震慑对手。越后正一本身就是个会打这种算盘的人，而濑岛龙三也十分清楚自己履历的含金量。

1945 年，日本战败后的人口总量约为 7215 万。十年后的 1955 年，人口总量增至 8928 万。到了东京奥运会举办的第二年，即 1965 年人口总量扩大至 9828 万，并在 1970 年突破了 1 亿。战后的 25 年间，日本大约增长了 3000 万人口。

3000 万人口几乎相当于一个小国家的全部人口。不仅是商社，制造厂、金融机构等也都随着经济的进步而迅速发展。在这个时代，只要能做到积极投资，努力工作，任何人都能取得成功。在这样的时代背景下，有六大企业集团逐渐在经济界崭露头角，分别是三菱、三井、住友、安田（富士银行财团）、三和、第一劝银财团。

商社再次加强了与集团企业之间的交易往来。财阀系商社与几个集团企业共同拥有核能产业、石油化学工业等方面的大项目，作为干事公司[1]起着联合各个企业的作用。像这样将各个企业联合起来，商社发挥了独有的组织协调功能。

此外，前文提到过的田中隆之所著《综合商社研究》一书中，曾将商社的功能大致分为 4 个。

其一，前文所记的组织协调功能。此功能一般伴随着商业霸权。

其二，事业投资功能。向分公司或新兴企业投资，并负责该公司的产品销售。

其三，金融功能。为新兴企业、中小型制造厂提供信贷服务。

其四，信息收集功能。由海外分店构成信息网，从世界各地收集商品相关信息，并用电邮发送至日本总部。

虽说商社功能中最重要的应该是信息收集，但随着 IT 技术的发展,现在任何人都可以获得来自世界各地的信息，考验着综合商社的信息收集功能。更进一步说，当今社会是否有必要在各地成立分店来负责信息收集呢？随着远程办公、远程会议的推广普及，如今即使不设海外分店，也能在一定程度上开展工作。

三井物产、三菱商事、住友商事均为财阀企业。伊藤

[1] 各个公司为减少风险，合资投资而协议组成的委员会，干事公司是其中出资最多的公司，负责整个委员会的营业、资金运转。——译者注

忠是第一劝银财团的一份子。第一劝银财团指的是古河电工、富士通等古河财阀系公司和川崎制铁、川崎重工等川崎系财阀公司。丸红则属于富士银行系的芙蓉集团。芙蓉集团中还有日立制作所、日产汽车、大成建设等公司。日商岩井与日绵实业加入了三和银行财团，其中还有日新制铁、积水化学、帝人、日本 RAYON、丸善石油等公司。

当然，公司并不只为其所属的企业集团工作。伊藤忠担任自己公司所开发项目的组织者时，会与适合该项目的各个公司进行商谈，并不限于其是否属于第一劝银财团。

伊藤忠

第五章

经济高度成长期的商社之职

商界新人打入社内司令塔

1961年，濑岛龙三担任机械部第三部长一年后，接到了转至业务部做部长的调任通知。但是，他却暂且谢绝了这次调动。随后，越后正一社长便约他谈话。当然，即使社长不约谈，他也得去一趟社长办公室。

除了社长，伊藤英吉、越后正之、藤田藤这几位专务董事也在办公室。越后正之是社长的亲弟弟。濑岛龙三直言："我觉得自己实在无法胜任业务部长一职。"但所有人都不对此表态。越后正之劝解道："不必把问题想得过于复杂。""只是带动伊藤忠的数千人而已，应该不成问题吧。你还是接受调动安排吧。"越后正一社长连声附和，并表示除濑岛龙三外不会考虑其他人选。"今后，必须推进商社的国际化、综合化、近代化进程。为此，我们必须下定决心，对公司内部的组织、制度、运营等机制进行彻底的改革。否则，公司很快就会落后于人。我们公司实质上还没有脱离纺织商社的领域。身为商业新人的你，担任负责这一系列改革的业务部长是最为合适的。"

社长言辞恳切，身为员工的濑岛龙三再拒绝就不太合适了。

越后正一所言“商业新人”，是他对濑岛龙三的真实评价。总而言之，他不认为濑岛龙三在营业的一线工作中能够立刻做出成绩。他需要濑岛龙三在公司内部的改革中，建设一个强而有力的业务部。

濑岛龙三一定暗自松了口气。他一直接受的是针对幕僚而非对一线的培训与教育。可能离开考验数字敏感度的营业部反而让他更加安心。相比之下，他还是比较适合做早已熟练的幕僚工作。

他担任业务部长后，把公司内部的各个精英召集过来形成了业务总部。业务总部主要负责为在经济高度成长期中急速膨胀的组织设立规矩、制定规划并协助规划落地。濑岛龙三充分发挥自己的能力，率领部下明确了公司内部各个部门的任务分配。

改革没有局限在营业方面，还波及了职能部门。自然而然地，业务总部成了社内司令塔一般的存在，濑岛龙三获得了更大的权限，不少营业员工对业务部产生了敬畏心理。

濑岛龙三虽然只是业务部的部长，但他可以对所有部门提出建议，在越后正一社长的袒护下，他甚至能够指导其他部门的正部长和核心员工的工作。

关于业务总部的工作内容，他亲自制定了以下规定：与构成公司的四大部门（营业方面的纺织部门、机械 / 金属部门、食品/化学/物产部门、管理部门）建立紧密联系。为此，在业务部成立了5个小组，具体为4个小组与1个总组，从各个部门选拔2～3位精英兼任小组成员。业务部便由选拔而来的十几名精英组成。

业务部员工由各部精英兼任（初期）应该是这一规定最关键的一点。能兼任业务部员工的，均不是刚入职的新员工，而是在营业或管理部门工作过一定时间的老员工。濑岛龙三将这些熟悉一线业务的员工聚集起来，站在公司的立场上处理在一线工作时发现的问题。

将经验植入业务总部

濑岛龙三为业务部和来自其他部门的员工制作了“部员工作参考”指南。指南内容丰富，但最想表达的是如下两点：员工的本质在于辅佐；及时整理并备好经营者在制定方针、做出决定时所需之数据、信息，如果能力允许，可以附上自己的建议。

业务部本身就是经营者的幕僚，需要做到揣度经营者的内心并以此为准制订营业计划。不过，因为监督其他部门严格执行计划也是业务部的工作范畴，所以一线员工可能会觉得业务部很爱挑刺。

业务总部只将在一线工作中表现优异的员工作为兼任成员选入小组，而不是选择那些没有实战经验的理论派老手。这样看来，新建成的业务总部能够充分发挥出其成员的经验与专业能力。

一开始，业务总部并不负责起草经营方面的各项措施，只负责对经营者的所思所想建言献策，后来，逐渐有了根据经营者要求制定经营规划、经营措施的职责，但在成立之初，业务部的工作就是回答经营者抛出的问题。

以成为第二代忠兵卫的学生起步，一步一步走上社长之位的越后正一是一个能够看透人之特质的男人。虽然他很尊重曾任大本营参谋的濑岛龙三，但当濑岛龙三作为他的辅佐之一为其工作时，他并不会对濑岛龙三另眼相待。他会认真听取濑岛龙三提供的建议，但不会一股脑儿全部采用。在其后商议与安宅产业的合并案时（1977 年），他甚至直言道：

绝不采用濑岛龙三的建议。

当确定与安宅产业合并后，濑岛龙三（当时任副社长）与 A（濑岛龙三直属部下）满不在乎地来我这里，对我说，虽然公司计划与安宅产业合并，但我们认为此次合并对伊藤忠来说没有好处，不如放弃这次合并计划吧。我当时十分震惊，连忙质问，你们脑子里到底在想什么？（中略）我认为我在那个时候身为会长做出了很好的决断。如果说那个时候认可了他们的做法，那么商社就不会有如今的发展了，住友（银行）也会对我们改变态度，安宅产业那边就更不用说了。伊藤忠里一向比较敏锐的濑岛龙三和 A 竟然对我提出那样的建议，我真的非常惊讶。（摘自《濑岛龙三 参谋的昭和史》，保坂正康著，文春文库出版）

越后正一很确定公司事务的最终裁决人是自己。在他的《我的履历书》中，只有一个部分提到过濑岛龙三。

对在越后正一手下工作，且在营业一线摸爬滚打过的人而言，虽然业务总部确实有一定作用，但业务总部每得到一次称赞，营业部门的士气就会减弱一分。为推进综合商社化的进程，越后正一将投资的重点放在了石油和汽车两个领域。想在石油和汽车两个领域提升业绩，首要的就是人才。越后正一从位于大阪的纺织部门中选拔了营业能力强的优秀员工调至东京，分配到石油、汽车部门，充实人才力量。然而，站在员工立场上来看，纺织部门明明一直在盈利，而且曾是公司的支柱部门，却被调走了优秀的人才。虽然遭到纺织部门的全体反对，但越后正一还是强硬地推进了人事调动。

大阪的纺织部门干部认为越后正一忽视了他们的重要性。因此，每当越后正一到大阪视察，他们便直接对越后正一表达自己的不满，但越后正一从不理会。越后正一心中早已认定，比起纺织业，汽车和石油产业是未来的核心产业，市场前景广阔，通过在这两个领域的发展来拓宽伊藤忠的前进之路，是必须迈出的一步。

伊藤忠东京总部致力于汽车与石油方面的交易，同时，大阪的纺织总部用老到的经商能力为公司做贡献。如果说哪些员工在伊藤忠飞速成长的情况下感到委屈，可能就是那些在大阪与中小型纺织业和相关产业对垒，努力营业的纺织部员工了。

虽然越后正一出身纺织部门，但他并不考虑继续在纺织部门寻找接班人。他认为，想要成功完成综合商社化，就必须在资源与机械领域站稳脚跟，插上伊藤忠的旗帜。

随着伊藤忠迈出综合商社化的脚步，手握业务总部的濑岛龙三逐渐沿着常务董事、专务董事、副社长的路线一路晋升，扶摇直上。不过，他没能获得公司内部所有员工的青睐。对于在大阪工作的员工来说，业务总部长是管理方面的部长，与他们的工作相去甚远。纺织部门的前辈曾这样描述他对濑岛龙三本人的印象："在我印象中，他是一个很厉害的人。即便是部长级别的人，一旦走在濑岛龙三先生前面，都会有种为他的气势所压的感觉。不过，我有一次出差，在东京总部的食堂一个人吃午饭时，濑岛龙三先生走了过来，和我寒暄：'你是纺织部的 A 对吧，最近怎么样？'他身居高位，我们之前从来没有交谈过，但是，他记得我的样貌和名字，一点儿架子都没有。不仅是我，还有其他年轻员工一个人在食堂吃饭时被濑岛龙三先生搭过话。"

其实，开辟综合商社化的道路并不一定要全公司上下统一才能进行，只要东京的中枢部分连同以纺织部门为首的其他部门，集结精英，以强硬的手段推进就行。

比销售与交涉更重要的能力

从经济高度成长期到现在，乃至遥远的未来，综合商社在资源的稳定调配上都将发挥着重要的作用。资源即能源，也就是石油、天然气、煤炭、铀、铁矿石，再加上各类金属。

日本的能源自给率仅为 11.8%（2018 年），在世界各国中排第三十四。而美国的能源自给率则高达 97.7%，英国为 70.4%，法国为 55.1%，德国为 37.1%。与这些国家相比，日本的能源自给率非常低。日本的能源结构情况为：石油 37.6%，煤炭 25.1%，液化天然气 22.9%，核能 2.8%，水力 3.5%，可再生能源（地热能、风能、太阳能）8.2%。

东日本大地震后，由于核能发电的减少，化石能源的使用量增加了。

关于日本的能源进口情况，石油由中东地区进口，液化天然气主要从澳大利亚进口，煤炭也是从澳大利亚进口的。另外，日本石油的对外依存度为 99.7%，液化天然气为 97.7%，煤炭为 99.5%。（数据来自日本资源能源厅）

日本的能源自给率较低，从海外进口能源不仅仅是为了工业发展，为平民百姓供应的电力与煤气，也十分依赖石油、液化天然气、煤炭的进口。

在这种情况下，电力公司可以直接从海外购买，或是投资采掘公司。但大部分情况是，综合商社直接参与从矿产探测到给日本千家万户输送能源的所有流程，在其中发挥商业作用。

以石油为例，综合商社先要投资资源开发公司、采掘公司，从矿产勘查、挖掘阶段开始，甚至要派遣员工到原油采掘现场，进行监督与协助。采掘出的原油由大型邮轮输送至日本，并分配给各个石油制造所。随后，石油制造所将原油通过蒸馏设备与分解设备提炼，将其精加工成汽油、灯油、轻油、重油等各种各样的石油制品。最后，这些石油制品一部分被运往加油站、灯油贩卖店等地，销售给消费者，另一部分供给发电所。

从刚开始的采掘到运输，再到中间环节的精加工，最后到贩卖等具体业务全部由专业公司负责，综合商社只是进行投资，此外，还负责物流的统筹安排等。

现如今，化石能源的日益短缺已不容忽视。液化天然气作为一种碳排放较小的能源，其需求量越来越大。液化天然气指的是把油田开采出的天然气运至当地液化工厂，冷却至零下 162℃得到的液体，主要成分是甲烷。它本身属于清洁能源，不过，近期也有人呼吁减少甲烷排放量。

天然气液化为液体后，体积会缩小至原本的六千分之一，将其装入大型液化天然气专用邮轮进行运输。到达日本后，重新用汽化装置将其汽化，再输送至发电所进行能源发电，或输送至各个城市的千家万户。

三菱商事、三井物产在石油开发与石油贸易方面抢占了先机，其后进入该领域的各个综合商社不分上下。其中，三菱商事最先把液化天然气开发商业化。

1969 年，石油危机尚未爆发，三菱商事将清洁能源液化天然气，从阿拉斯加进口至日本，并销售给东京电力、东京瓦斯两家公司。与同行业其他商社相比，三菱商事的预见力、营业力、执行力在资源能源领域一骑绝尘。人们对三菱商事的印象普遍是财阀系商社、政商，拥有特权地位，但率先思索化石能源的未来，并将重点放在液化天然气上的也是三菱商事。

伊藤忠的现任会长冈藤正广十分重视以消费者为着眼点的市场导向型经营理念，并激励员工拿到其他商社没有的“主导权”。液化天然气正如三菱商事的预见，成为成长型商品。这种情况下的主导权，指的就是预见性。他要求员工们抢先一步，在竞争对手之前挖掘到有发展潜力的商品，并将其培育成新事业。

商社之间的竞争十分激烈，每当一个商社走在了时代前列，同行很快就会紧追其后，随时有可能被超越。在竞争愈演愈烈的同时，该行业的商品采购价也会随之提升。

夺取主导权意味着要在同行业其他商社暂时还未踏足

的领域构建己方阵地。其实，即便成功打下了阵地，商品的流行也有一定时限。商社人需要不断前进，寻找适应下一时代的商品并掌握其主导权。对伊藤忠员工来说，最重要的素养不是营业力，也不是交涉力，而是发掘新商品并掌握其主导权的能力。冈藤正广直言："利在下游。今后，综合商社的形态还会进一步变革，如何在这一过程中把握商流的下游将会是一个课题。接下来，我们将会争取把握下游，进而取得整个商流的主导权。"

话题转回伊藤忠在经济高度成长期的资源开发情况。在 1968 年，三菱商事将液化天然气引入日本市场的前一年，高原友生成了伊藤忠石油部的代理部长，并在其后的十数年间担任能源商战的一线负责人。

在高原友生致力于挺入资源争夺战的这段时期，前半段时间的社长为越后正一，后半段时间的社长为户崎诚喜，而在背后辅佐两位社长的幕僚是统率着业务总部的濑岛龙三。

1969 年，东名高速公路全线开通，阿波罗 11 号成功登上月球。伊藤忠商事迎来了初代忠兵卫创业 100 周年。1971 年，日元开始逐渐进入浮动汇率体制。1972 年，通产大臣[1]田中角荣发布了《日本列岛改造论》，再次升任首相。

[1] 通产省全称通商产业省，是日本旧中央省厅之一，承担宏观经济管理职能，负责制定产业政策并从事行业管理。通产大臣为通商产业省最高长官。——译者注

拿出了盈利的商用车部门，提出所有部门均与美国通用公司合作。看来，五十铃汽车也明白，面对世界第一的汽车公司，加上货车、客车部门的全面合作势在必行。

美国通用公司花费的调查时间比美国克莱斯勒公司和美国福特公司的都长。美国通用公司的调查小组在前往日本之前就买下了一辆五十铃乘用车，对其进行彻底拆解，仔细检查五十铃汽车使用的零部件及制造技术。随后，调查小组来到日本，四处调研生产工厂和销售店。伊藤忠、五十铃汽车与福特公司的合作交涉耗费了 8 个月，而与美国通用公司的交涉历经 1 年半，花费了更长的时间。

在伊藤忠、五十铃汽车与美国通用公司三家企业进行交涉的同时,美日两国的其他汽车公司间也不断展开交流，克莱斯勒公司和福特公司分别宣布了与三菱汽车、东洋工业达成合作。同一时期，五十铃汽车开始代工生产日产的小型乘用车 Cherry。而伊藤忠、美国通用公司则对此毫不知情。这引起了伊藤忠的疑心，怀疑“五十铃汽车是不是与日产结成了商业合作”，但五十铃汽车解释，这是为了提高生产线利用率采取的增产措施。

实际上，从别的制造厂商那里接受代工生产委托的，并不止五十铃汽车一家公司。富士重工也为提高生产线利用率而代工了日产的 Sunny 车型。这种生产措施在汽车公司间并不稀奇，而美国通用公司也知道这一点，所以在得知五十铃汽车进行日产汽车的代工时完全没有疑问，反而田中角荣成为日本首相后，很快便访问了中国，实现了中日邦交正常化。1973 年，第四次中东战争爆发，引发了第一次石油危机。

1976 年，伊藤忠与安宅产业达成了业务协作，次年，两公司合并。安宅产业是官营八幡制铁厂时代的指定商社（三菱商事、三井物产、岩井产业）之一，也是战后的十大商社之一。不过，它陷入了加拿大的石油精制工程导致的资金不足，产生不良债权，其经营状况随之恶化。伊藤忠帮助其向住友银行、协和银行寻求支援，最终以救济的形式将两家公司合并。与安宅产业的合并，强化了伊藤忠在钢铁和相关领域的业务，但一口气接纳 1058 名员工给公司带来了不小的负担，因此其控制了新员工的聘用规模。

1979 年，第二次石油危机爆发。在日本的经济高度成长期，“商社斜阳论”成为热议话题。第一次石油危机时，民众痛批“商社搞垄断”。而到了 20 世纪 80 年代，第二次石油危机爆发时，又称“商社寒冬期”。其后又经历了泡沫经济时期，日本经济发展停滞之时，又出现了“商社抽成论”和“商社无用论”。

赌上公司命运的石油开发

在世界环境剧变的时代，伊藤忠燃气石油部的负责人高原友生开始推进能源相关工作。他所面临的课题是商流上游的石油开发，以及如何使下游的伊藤忠燃料、伊藤忠石油等加油站、灯油销售店焕发生机。正如后文将说明的那样，进军商流中游的石油精制部门，即对东亚石油进行投资，不是一线工作者的提案，而是伊藤忠社长越后正一受财界人士委托所做，该项目也由越后正一主导。以一线工作者的视角来看，他们对这个项目并不看好。

身为负责人的高原友生，最先着手的就是石油开发。他的记述如下："我当时为伊藤忠的石油开发设下了三个原则。面对因此次机会蜂拥而至的各种项目方案，我们进行筛选，依据的三条基本要求分别是：其一，位置必须在马六甲海峡以东；其二，必须为超低硫原油；其三，周边必须有出油井（注：石油涌出的油井）。"（摘自《商战》）

制定第一条原则是为了获取比中东更近的开采地，降低石油运输成本。第二条原则是因为含硫（磺胺）量过高的原油会产生较多的亚硫酸气体（二氧化硫），它会造成空气污染，所以决定最大限度地进口含硫量较低的石油。第三条原则的制定理由是，在周边油井都能产出石油的情况下，所选油井产出石油的概率就会相对较高。

1969年，高原友生底下的燃气石油部向越后正一社长提交了一个方案，即横跨印度尼西亚爪哇岛与苏门答腊岛的矿区投资计划。越后正一在《我的履历书》中表示自己当时“进行了慎重的研究”，且认为石油开发也符合公司发展方向，很快便同意了该方案的通过。

能源总部对此提出了建议，主旨是为取得一个在爪哇海挖掘石油的原油公司的开发特权，需要与其总公司Natomas进行交涉。经慎重研究考虑，一年后开始与Natomas公司交涉相关事宜，可惜进展并不顺利，户崎副社长（当时）为此次交涉在旧金山停留了足足2周。

这样的工作既复杂难解又危机十足，因此，我们也得到了各方人士的关心和忠告。但是，对于日本来说，我认为石油资源的确是意义非凡的，同时，确保海外资源的引进是商社的使命，我们已经做好了承担风险的准备，并请求石油公团[1]进行一项调查，以调查结果为参考，继续进行强有力的交涉。最后的结果便是用2100万美元取得了该原油公司7%的股份和40%的销售权。（摘自《我的履历书》）

[1] 日本政府1967年制定了《石油公团法》，设立了石油公团，专门负责石油、液化石油气开发、技术开发等。——译者注

取得该原油公司的股份和销售权花费了2100万美元，按当时汇率换算，约为75亿日元。伊藤忠的资本金为176亿日元。对越后正一来说，做出这次决断需要怀有敢于从京都清水寺跳下悬崖的觉悟。虽然石油开发项目得到了伊藤忠经营管理层的全员支持，但由于投资金额实在过于庞大，越后正一与高原友生遭遇了来自公司内外的各种障碍与骂声。

一开始，石油公团的干部们也认为："一介商社想插手石油开发，真是不自量力。"如果推进这个项目的商社不是伊藤忠，而是三菱商事、三井物产等，石油公团一定不会如此评价。他们认为伊藤忠不过是一家来自关西的纺织商社，所以才出言不逊。

针对此项目的批判之声不仅仅来自公司外部。公司内部曾有人前往热海拜访闲居在家的第二代忠兵卫，向他紧急汇报："现在的伊藤忠即将陷入一场大型博弈，而且对方可是老手，越后正一肯定是被蒙骗了。"

不久后，高原友生在厕所偶遇了来总公司办事的第二代忠兵卫。第二代忠兵卫靠近并排站着的高原友生，一边仔细盯着他，一边笑着说："你就狠狠将带着血的尿，尿出来吧。"说完便离开了。高原友生认为这是对他的温情鼓励，在第二代忠兵卫眼中，这句话很可能还带有斥责他"吃的苦还不够多"的意味吧。

在协议签订后，伊藤忠就开始试着挖掘石油，整整耗费了 9 个月才涌出了第一桶油。在这 9 个月间，虽然高原友生没有出现“带着血的尿”，但是他的后脑勺开始掉头发了。

石油未能成功挖出之前，越后正一与高原友生能做的只有祈祷。越后正一暗自下定了挖不出石油就辞职的决心。

在经历了 9 个月的耐心等待后，终于挖掘出了石油。“我们在爪哇进行了试采，预测成功第一号井（水深 137 英尺）的可采储量，最少也有 9 亿桶（约 1.5 亿吨）。历经 9 个月，成功出油后的可采储量为 196902025 吨。”（摘自《商战》）由此可见，最终结果远远超出了预期，取得了成功。

资源开发业务就是这样，猜中了还好，猜不中公司业绩便会急转直下。虽然对商社来说，资源开发是必须推进的项目，但是负责人会承担巨大的压力。从此以后，伊藤忠继续开展石油等资源的开发项目。

资源行业往往伴随着较大的风险，两者几乎密不可分。比如，三菱商事为获得液化天然气的相关权益，进行了比伊藤忠的规模还要大的投资。1972 年，三菱商事向文莱的液化天然气销售部门投资了约 700 亿日元。这几乎与当时三菱商事的资本金相当。此外，它还在 1983 年的马来西亚 SATU 项目中投入了将近 800 亿日元。这一金额也大致相当于当年三菱商事的资本金。

2009 年开始推进的萨哈林液化天然气项目，其总体投资约为 2 万亿日元，由壳牌公司、三井物产、三菱商事、Gazprom 公司联合出资。三菱商事出资金额占 10%，为 2000 亿日元，依旧与同一时期三菱商事的资本金大致相当。

资源商社总是以公司命运为赌注进行着投资。不过，三菱商事之所以能够大胆进行巨额投资，是因为其手握东京电力、东京瓦斯等液化天然气需求量较大的客户。而且，三菱商事还在向中国和韩国出口。三菱商事拥有客户，只要获得了开发权，并将其运输至目标客户就能换回金钱。

另一边，伊藤忠即便通过石油开发获得了原油，还得再找到精制公司和目标客户才行，比三菱商事的投资风险性更强。虽然开采出了石油，但卖不出去的话就没有意义。资源开发真是一个让纺织商社饱尝劣势的项目啊。

2022 年，综合商社利用资源的高价赚取了罕有的高额利润。但化石能源的未来究竟如何，谁也无法预见。三菱商事、三井物产等在资源领域实力强悍的商社，在赚取利润的同时也不可能做到稳坐钓鱼台。与化石能源相关的商业活动不再稳定。不过，化石能源彻底耗尽的可能性也很小，即便有一天真的会耗尽为零，恐怕也是在遥远的未来了。

综合商社的员工既有适应能力，还有一定的预见能力，毕竟三菱商事早在 1969 年便开始从阿拉斯加引进液化天然气了。第一次石油危机后，石油价格暴涨，液化天然气作为清洁能源越来越引人注目，而三菱商事则在很久之前便为此做好了准备。也许如今的综合商社能源领域负责人也在默默地考虑，并为未来布局准备吧。

从失败中学会不可依赖假说

1966年，伊藤忠社长越后正一认为不仅要把握好上游，进军“中游”也很有必要，决定投资石油精制公司东亚石油。关于此次中游进军，越后正一在书中这样写道：

公司决定正式打入石油产业（上游、下游部门）是在昭和三十八年（1963年）5月，我当时已经做好了可能产生较大牺牲的心理准备。（中略）

我记得应该是昭和四十年的秋季，当时卧病在床的山下（山下太郎，阿拉伯美国石油公司社长）询问我是否愿意接手他名下东亚石油的股票。这对我们而言是一个需要下很大决心才能做出的决断。当时社会提倡民族资本的团结合作，但在经营方面我们必须考虑清楚能否消除公司累积的巨额赤字。并且，建设一个一流的石油精制厂，至少得做到能将产能从5万桶扩大到20万桶。这将花费巨额资金，同时还隐藏着危机。

昭和电工的安西先生（安西正夫，任社长）、富士银行的岩佐行长（岩佐凯实）曾问过：“关于东亚石油的重建，

伊藤忠是否有不惜一切代价坚持到最后的决心？如果真的下定了决心，我们也能从旁协助。”（中略）

我们最终还是选择接下山下先生递过来的担子，并以最快的速度将我们公司的经营首脑送去了东亚石油，由其负责重建。我们指导川崎工厂提升了10万桶的产能，并且在知多建成了能有10万桶产能的先进工厂。

虽然越后正一也考虑过进军中游产业，但对于接手赤字累累的东亚石油还是十分犹豫的。不过，山下是当时财界有权有势的实力派实业家，被这样的前辈交付重任，越后正一很难直接拒绝……权衡再三，最后，他还是下定了决心。伊藤忠要想成为名副其实的综合商社，得拥有中游的精制部门。这笔投资还是很有必要的。

伊藤忠在石油贸易中最先建成的是伊藤忠燃料与伊藤忠石油这两个“下游”销售公司。

随后，进军“上游”的石油开发，高原友生为此在印度尼西亚等地四处奔忙。而在“中游”我们没有自己的石油精制部门，这也是一个亟待解决的问题。因此，越后正一最终还是决定投资东亚石油。可惜，揭开面纱后，东亚石油暴露了越来越多的问题。最大的问题是，东亚石油没有石油的“原始销售权”。

以前的日本，只有日本政府登记在案的原售公司才能将汽油、灯油、轻油等销售至加油站等地。而没有“原始销售权”

的东亚石油只能将产出的精制产品委托给共同石油公司代为销售，并支付手续费。因此，东亚石油较其他精制公司多了一道流程，耗费了更多的流通成本，所以利润也相对较低。

对伊藤忠而言，此次投资收获了一直想要的中游部门，自然希望从石油开发到销售的各个环节产生的利益都由自家集团垄断。然而，实际上别说垄断了，连利润都算不上高。

在此基础上，伊藤忠进一步加大了投资金额。负责东亚石油经营的人受石油产品需求膨胀之假说的影响，增设了制油设备，并建立了新的制油厂。当然，伊藤忠的越后正一也认可了这一做法。

1969 年，东亚石油的原油处理能力被强化到了日均 10 万桶，于 1973 年建成了名古屋制油所（今 ENEOS 公司知多制造所），厂内设备的产能为 10 万桶。不仅如此，伊藤忠以一个高出 1966 年平均水平的运费价格与运输原油的邮轮达成了长期协约。因为当时预估随着石油需求高涨，雇船费将会上涨。然而，事态发展急转直下，得到巨额投资的东亚石油遭到了 1973 年石油危机的直接冲击。最终，在第二次石油危机爆发的 1979 年，伊藤忠不得不放弃了东亚石油，将名古屋制油所、川崎工厂分别转让给了日本矿业和昭和石油。由于未来的发展情况不尽如人意，伊藤忠彻底撤出了石油贸易的“中游”。

对于东亚石油的投资失败，伊藤忠会长冈藤正广在 2020 年的综合报告中指出：“公司当时决定赌上一把，收购了东亚石油（株）的股份，投资建设了最先进的制油厂，并与邮轮签订了长期租约。此次投资基于当时的一种‘假说’，即在原油几乎百分百依赖进口且蕴藏量日益减少的情况下，石油贸易将会是一个巨大的商机。然而，在 20 世纪 70 年代爆发了两次石油危机，高昂的固定收购价与暴跌的销售价之间形成了剪刀差，‘假说’被无情推翻，我们公司也因此蒙受了巨大的损失。”对“假说”的过度依赖缘于伊藤忠急于完成从纺织商社到综合商社的蜕变。

回看过程，此次投资失败不仅是因为误读了“假说”，还因为没有原始销售权且身负赤字的制油公司东亚石油是一个老练的财界人士强加给伊藤忠的。伊藤忠在公司内部讨论时难道从未论及其没有原始销售权这一缺点吗？他们不可能不清楚这一点，想必当时一定考虑到了，但越后正一和业务总部的濑岛龙三低估了其带来的影响。

伊藤忠是出自大阪的一介纺织商社，对于身为其统帅的越后正一来说，他很可能是想在大人物面前好好表现一番。当时他拍着胸脯保证“放心交给我吧”，然后出资买下了东亚石油的股份，得到了大家的好评。可惜这是被人下套了。

越后正一按自己公司的推测不断投入资金。第四次中东战争的爆发引发了石油危机，随着世界经济的恶化和物价的高涨，1974 年日本经济在战后首次呈现负增长。东亚石油面对原油价格的增长就已经手忙脚乱了，还要支付高昂的邮轮运输费，最终无法支撑下去。

冈藤正广针对一味信奉“假说”的危险性，在同一综合报告中概括：“我认为，仅依据‘假说’便进行大规模投资是极其危险的。近年，AI 等数字技术迅速发展，人们将之誉为‘第 4 次工业革命’。但是，并非所有与之相关的行业都实现了实实在在的增长，我们必须避免盲目投资。我们必须意识到自己是以商人的身份从事商业活动，想要与掌握大规模资源权益的财阀系商社平起平坐，必须将战场锁定在其他公司无法效仿的具有优势的领域，即以生活消费相关领域为核心的非资源领域。虽然并非像资源业务那样动辄创造出数千亿规模的利润，但只要我们能实施如同‘竹枪’般能射中要害的经营，即便每笔生意的规模都很小，我们仍有望和大型商社一决胜负。我们应不懈努力，‘孜孜不倦’地累积那些受客户喜爱的业务，同时关注细微变化，仔细修改方针。”

冈藤正广并非公司老板，在公司的正式报告中提及上一任经营者的工作失误，一般来说，这简直是不可思议的。同时，他怀着强烈的危机感做了深刻的检讨，认为如果东亚石油的失败再次上演，公司经营的根基很有可能会动摇。

事实上，冈藤正广采用的战术并不是对“假说”推断的市场（如 AI 技术）进行投资，而是将重心放在非资源领域。这也是伊藤忠的强项。

伊藤忠的战术适合各个企业，甚至每个人进行参考。

人们一不小心就会依赖到手的信息，被逐渐成长的新兴市场吸引，进而产生迈入新兴市场的欲望，而且一旦公司需要开拓新事业，就会偏向新兴市场导向的领域。然而，预设不一定会100%准确。比起依赖这些，不如找出自己的强项，利用强项发展新事业，开创新市场。

伊藤忠便是以“竹枪般射中非资源领域”为战术开拓市场。正是得益于这一机敏战术的辅助，伊藤忠才取得优秀的业绩。虽然公司应该对未来进行预设，但不能依赖预设，而应机动灵活地顺应发展趋势。

东亚石油投资项目的达成，也有越后正一人品太好的原因。如果当时的经营者是冈藤正广，无论知名人士怎么放低姿态劝诱，他也不会轻易同意对未来型贸易事业的投资吧。更进一步说，无论是公司还是个人，一帆风顺、春风得意之时，或在急功近利、求胜心切之时，都很容易被卷入风险极大的事件中。

冈藤正广从未以本垒打为目标，为一点一滴积累得分，他先考虑的是上垒。比为了打出本垒打一味狠狠挥舞球棒，不如先击中一棒赶紧上垒。他的经营符合近江商人的理念，比如先整顿工作环境，之后倡导节约，重视削减成本与防范风险，谨慎投资。在投资方面，他也带有近江商人的风格，基本上是投资资源商社和政商等毫不在意的项目，都是“虽然微小但依旧发光的方案”。

伊藤忠

第六章

挑战汽车贸易

不再重蹈覆辙

伊藤忠的越后正一与濑岛龙三在汽车贸易上倾注的心血不亚于石油贸易。汽车贸易涉及范围广阔，1 辆汽车由约 3 万个零部件构成。零部件公司只要负责其中一种零件的制作就能获得利润。汽车贸易涵盖了零部件公司、销售店、物流、保险，规模庞大。

对综合商社来说，汽车领域可以说是非常诱人的一块肥肉。伊藤忠进入了汽车及其相关领域，与当时的时代背景有关。

昭和时代，日本经济进入高度成长期。遍览 1959—1969 年的 GNP（国民生产总值），其中只有 1965 年的经济增长率较低。从表面上看，当年的经济增长率为 10.2%，但受通货膨胀的影响，实际增长率仅为 4.4%。而其他年份的实际经济增长率基本保持在 10% 上下。由此，1965 年也被贴上了“昭和四十年的经济不振”“证券萧条”的标签。山一证券濒临倒闭，Sunwave 公司、日本特殊钢、山阳特殊钢接连破产。证券市场陷入低迷，日本经济一时萎靡不振。

佐藤荣作内阁为度过经济危机，推行扩大公共事业投资及减税政策，并为此在战后首次发行了赤字国债。当时日本政府吸取太平洋战争的教训，为反省发行国债充作军费一事，一直禁止发行赤字国债。而佐藤内阁制定了财政处理特别措施法，在“税收异常减少”的情况下，可经国会决议后，发行赤字国债。

当时佐藤内阁实施的政策确实有一定效果。丰厚的预算刺激经济恢复景气，1966—1970 年的实际经济增长率突破了 10%，这段时期被称为“伊奘诺景气”。

在此之前，日本的出口商品主要为纺织品与轻工业制品，到了这一时期，逐渐转为以钢铁、汽车、家电制品为主。综合商社在从海外进口资源的同时，致力于对外出口重工业制品和电器制品。就这样，日本的对外出口逐渐扩大，并呈现出两大特点。

其一，出口越南战争及其相关的间接特需品。间接特需品指的是，美国以遏制所谓“共产主义扩张”为目的，为东南亚各国提供的重工业制品等。送往东南亚各国的重工业制品主要为日本生产。其中，有东南亚各国急需的能够适应恶劣路况的货车、客车，以及警用车、消防车等特装车辆。综合商社为援助事业提供了各种各样的工业制品，但最重要的品类是汽车。

其二，日本政府面向南亚、东南亚提供的经济援助。20 世纪 60 年代末，日本政府扩大了对泰国、马来西亚、印度尼西亚的经济援助，援助修建了公路、桥梁、港湾、铁路、水库等，助其进行了基础设施建设，还送去了适应恶劣路况的汽车。

在这种情况下，各个综合商社充分发挥了组织协调能力，联合各个建设公司、汽车制造公司，前往世界各地工作，被誉为“The·商社”，出口业务繁荣。

与此同时，日本企业的国际化进程不断推进，企业急需增强自身国际竞争力。为扩大企业规模，各公司相继实施了大型的企业合并，1964 年，曾被分割为 3 个公司的三菱重工进行了重组合体。1965 年，神户制钢所与尼崎制铁合并。1966 年，日产汽车与 Prince 汽车工业合并，同年，第二代忠兵卫创立的吴羽纺绩合并了东洋纺绩。到了 1970 年，居业界首位的八幡制铁与居业界第二位的富士制铁合并，成立了新日本制铁（今日本制铁）公司。两公司合并后，主要的 20 种商品品类的市场占有率将超过 30%。贸易公平委员会对此并不认同，但其提出是为了在国际市场竞争中胜出，委员会最终还是同意了它们的合并。强强联合而成的新日本制铁，其粗钢产量仅次于美国钢铁公司，在世界范围内位列第二。

日本制品以南亚、东南亚为中心涌入世界市场，越来越多的人称其为“经济动物”。“经济动物”原本是巴基斯坦的布托外交部长在称赞日本的经济活动时使用的词语。然而，有部分人排斥日本经济快速扩张，且对身穿鼠灰色西装工作的日本商务人士保持警觉，这导致“经济动物”一词逐渐染上贬义的色彩，成了对守财奴的蔑称。在海外分公司不分昼夜、持续奔忙的综合商社员工被视为“经济动物”的典型。不过从他们的视角来看，受时差的影响，24 小时通勤也是无奈之举。

即便日本的国民生产总值已经升至世界第二，在当时工作精力旺盛的这批日本人，像越后正一、濑岛龙三、高原友生等，仍然坚持工作，一刻不曾放松。

他们认为商场犹如战场，不论是资源争夺还是日本制品的出口，都必须为促成交易而咬紧牙关，拼命努力。他们有时还会因理解不了外国商务人士的玩笑，被圈内人排挤孤立，在派对上，只能一个人孤零零地喝酒。有时甚至忙到根本没有余力进行社交。尽管如此，他们仍为了“不再重蹈覆辙”而 24 小时工作。

回到汽车贸易的话题。1971 年，伊藤忠作为中介，五十铃汽车与美国通用公司签订了关于全面合作的基本合同。这应该是濑岛龙三在任时达成的最令他满意的功绩。

伊藤忠的《攀越险峰之路 纪念小史》一书中，曾这样写道：

美国通用公司与五十铃汽车的全面合作是在伊藤忠的努力下才最终实现的。这一点得到了媒体的大肆宣传，综合商社伊藤忠的名号享誉世界。

美国通用公司有着能与日本的国际预算相媲美的销售额，高达8.7万亿日元，员工多达79万人，其规模堪称世界第一。伊藤忠早早预见了汽车产业的国际分工化趋势，从其促成美国通用公司与五十铃汽车的全面合作这点来看，不仅显示出其在国际贸易事业上的直觉与实力，同时还具体展现了所谓"国际化时代的综合商社"之应有姿态。

1968年，日本的GNP位列世界第二，汽车总产量也排在了世界第二，仅次于美国。汽车产量增加的同时，日本还加大了对外出口的力度，特别是面向美国的出口力度。比如，在1966年美国进口汽车数量榜上，丰田汽车排在第八，1968年升至第三，1969年便仅次于大众汽车，排在第二了。不仅是丰田，日产、本田等汽车公司也扩大了对美出口。

这样一来，一直受国家庇护的日本汽车产业不得不开始与海外汽车公司公平竞争。日本作为世界第二大汽车生产国，且是对美出口最多的国家，如果再向海外汽车征收高关税或设置非关税壁垒就说不过去了。就这样，对海外汽车公司的限制越来越少。1970年，日本政府允许进军日本的外国公司在新的合资企业中持有最高50%的资本。甚至在1973年彻底取消了50%的限制，资本完全自由化。1976年，外国公司制造的汽车的关税从10%降至6.4%，

1978 年，汽车关税直接降为零。

在日本，日本的汽车与外国制造的汽车站在了平等的位置上竞争。预料到这一点，20 世纪 70 年代左右，日本的汽车公司便开始为自己制定未来的生存战略。

丰田选择增设工厂，提升自身生产力。日产则从金融机关贷款投资设备。五十铃汽车、富士重工、三菱重工业（后改为三菱汽车）、东洋工业（今马自达）踏上了与外国资本合作的道路。三菱重工业与克莱斯勒公司（1971 年），东洋工业与福特汽车（1979 年），达成了全面合作。五十铃汽车与美国通用公司也是在此契机下逐步达成全面合作的。

与美国汽车三巨头的交锋

综合商社开展汽车贸易始于战后，当时只是涉足汽车经销的业务，之后又加上了协助国产汽车海外出口、运营海外销售店的业务。20 世纪 80 年代以后，汽车制造厂开始在海外建设工厂，随着汽车制造厂向海外进军，商社又开始为海外工厂调配材料、零部件、制造设备，以及提供融资租赁等服务。不过近年来，汽车公司与零部件公司逐渐一体化，重要零部件的调配，大多在开发阶段便由两者共同计划完成。

伊藤忠的汽车贸易同样始于战后，最初向海外出口的是货车、客车、特装车（消防车、警用车等）。同时，还负责富士重工（今斯巴鲁公司）的乘用车销售。

伊藤忠面向海外出口汽车的实绩如下：向巴西出口日产制造的巡逻车，向埃及出口五十铃汽车的消防车，向泰国出口大发公司的摩托三轮，向哥伦比亚出口丰田的越野车，向印度尼西亚出口五十铃汽车的消防车与丰田的越野车（警用车），向智利的产业开发公司出口日产的消防车……在乘用车出口方面，伊藤忠与日产汽车合作设立了智利日产汽车公司，向南非各地以 KD（在当地组装）形式出口马自达的货车。在秘鲁，它与五十铃汽车合并设立了销售公司。在菲律宾，它与五十铃汽车合作，以 KD 形式出口乘用车。在加拿大，它与马自达合作设立销售公司……

伊藤忠与五十铃汽车的合作较为频繁。海外出口时，贸易对象主要是东南亚、南美、非洲等地的客户。伊藤忠和五十铃汽车在美国的销售业绩不如以上地区优秀。

1969 年，越后正一社长为在汽车事业上提高伊藤忠的存在感，进而开拓公司不太擅长的美国市场，任命当时为专务董事和业务总部长的濑岛龙三为五十铃汽车的合作项目总负责人。濑岛龙三提拔了业务总部的酒井隆与美国伊藤忠的室伏稔（后任社长）这两位“王牌”为直接负责人，又加上了精通英语的美国伊藤忠的 J.W.Chai。找齐工作人员时，还未确定合作对象。当时大家觉得只要是汽车三巨头之一就可以。

其实，就算五十铃汽车和伊藤忠协商好了决定“选择哪一家”，真正手握选择权的还是汽车三巨头。美国汽车三巨头是出于何种考虑，要与日本制造厂全面合作呢？这是因为当时燃料费偏低的小型日本汽车在美国市场销量很高。他们最初也考虑了在自己公司开发生产同类型汽车，但是，小型车的开发并没有想象中的那么简单。三巨头从初创开始设计开发的便是大型车，将其制造、销售，以此发家，大型车的生产经验丰富，但在小型车领域却不得不从零开始。

此外，同集团的零部件公司也必须从零开始开发生产小型车的零部件。这可不是把大部件改小就能应付的，会产生巨额的研发经费。而小型车的利润较低，光是赚回研发经费都不知要花多少年。小型车的研发、生产，费时费力，利润又微薄。考虑到此，三巨头才决定与擅长制造小型车的日本中坚制造厂全面合作，共享技术，然后将日本制造的小型车推向世界，销往美国、日本、欧洲各国等市场。

解读出三巨头的合作意愿后，伊藤忠与五十铃汽车联手，远赴美国的大型企业商谈。伊藤忠的计划是成为五十铃汽车开发的“世界级战略车”的独家代理店。五十铃汽车的技术再加上三巨头的资金及销售能力，一定会成为一笔大买卖。对越后正一和濑岛龙三来说，此次博弈不亚于石油开发的“一掷赌乾坤”。

受五十铃汽车的委托，全面合作项目的交涉开始推进，伊藤忠首先选择了克莱斯勒公司为目标对象。然而，接触过后，伊藤忠发现克莱斯勒公司正在与一直交往甚密的三菱重工商谈合作。虽然克莱斯勒公司的总裁也出面参加了与伊藤忠的商谈，但并没有对合作项目表态。伊藤忠心急如焚，却也只能静待回复。

克莱斯勒公司似乎并没有把伊藤忠与五十铃汽车放在眼里，不论这边如何催促，都不置可否。1970 年 2 月，克莱斯勒公司与三菱重工突击式宣布了两公司的全面合作，甚至事前完全没有通知伊藤忠和五十铃汽车。

濑岛龙三重新构建了新体制，呼吁大家“不要重蹈与克莱斯勒交涉时的覆辙”，然后将下一个目标对象定为美国福特公司。濑岛龙三远赴美国，亲自对美国福特公司的副总裁和经理做了长达3小时的计划说明：“伊藤忠受五十铃汽车之委托，负责此次项目的交涉事宜。伊藤忠不仅想做促成两公司全面合作之中介，更希望五十铃汽车、福特公司、伊藤忠三者以合作伙伴的形式联合，共同促成项目的成功。我们希望了解美国福特公司有多少可能性同意与五十铃汽车的资金合作，进而进军日本市场。”

在计划说明结束的第二天，美国福特公司便送来了总裁亨利·福特二世的手书。与克莱斯勒公司交涉时的情况完全不同。“感觉有戏。”濑岛龙三这样想。

信中内容如下：“美国福特公司决定接受伊藤忠的建议，并希望尽快商讨与五十铃汽车的合作。”总裁亨利·福特二世对此次交涉正式按下了开启键。美国福特公司很快派来了调查团，开始对五十铃汽车的藤泽工厂与销售店进行调查评估，不断召开会议，濑岛龙三与负责交涉的人员都隐隐感到达成这次全面合作的可能性很大。

福特公司、伊藤忠、五十铃汽车3家公司，耗费了约8个月，热切交流，一步步推进。可惜，全面合作的协约最终还是没有签订成功。

没能达成合作的原因不在福特公司，而在五十铃汽车。

福特希望连同货车、客车的商用车部门，与五十铃汽车的全部门进行合作，但五十铃汽车只考虑重振陷入亏损的乘用车部门。他们认为目前盈利的货车、客车部门可以由他们自己发展，根本不想让这个部门也参与到合作中。从后来的发展情况来看，五十铃汽车很有必要做出让步。毕竟后来五十铃汽车撤销了一直亏损的乘用车部门，成了一家货车、客车制造厂。如果当时五十铃汽车能让全部门与美国福特公司合作，情况可能会更好。

可惜，当时的五十铃汽车十分重视乘用车事业的发展，并以开发出各种名车的老牌制造厂为傲，交涉时，摆出Bellel、Berrett、Florent、117Coupe、Gemini、Piazza等极具人气的车型的研发业绩，以证明自身是创新型的乘用车制造厂。五十铃汽车也许认为，只要与实力雄厚的美国福特公司达成合作，他们制造的汽车便能迅速席卷世界市场吧。

“如果将五十铃汽车的技术和美国福特公司的资金相结合，乘用车会变得更加抢手。”五十铃汽车的经营者有信心开发出在美国和日本市场畅销的小型新式乘用车。然而，美国福特公司更注重的是现实。在进行详细的调查后，他们经过冷静计算，认为即便有美国福特公司的庞大资金支持，五十铃汽车的乘用车部门也不可能重现辉煌了。

濑岛龙三手下为合作项目每日奔波的业务部员工疲于操劳，特别是直接负责人酒井隆，光看着他忙碌都觉得可怜。濑岛龙三在发送给北美经理的信中，请他转告给酒井的留言是：“请代我向忙于交涉的工作人员表示慰问。特别是酒井，请你好好转告他，不要过于气馁。在回国时，不要想不开从飞机上跳下来。”

无论日本汽车的品质如何提升，声誉如何提高，当时美国汽车产业在世界上都是顶尖的，日本汽车产业与之差距巨大，比如 1970 年美国汽车总产量约为 828 万辆，而日本只有约 528 万辆。对美国福特公司而言，即便不与带着众多附加条件的五十铃汽车合作， 还有很多能达成合作的对象。

“五十铃·美国通用全面合作”的组织者

被美国克莱斯勒公司、福特公司相继拒绝的伊藤忠交涉小组，怀着“破罐子破摔”的心态，开始与世界第一的汽车公司美国通用接触。美国通用公司的气场无比强大。虽然与三巨头中的两家公司的交涉都宣告失败，但一想到新的交涉对象是美国通用公司，伊藤忠交涉小组的成员又重振旗鼓。室伏稔与酒井隆纷纷对濑岛龙三气势十足地表示：“放手一搏吧，遇到这种情况怎么能退缩呢？”

室伏与酒井向濑岛龙三报告称：“我们找到了美国通用公司首脑罗奇总裁的联系方式。”室伏与一家美国铁路公司的总裁相识已久，而这位朋友认识罗奇总裁，并表示可以把他们介绍给罗奇总裁。

室伏试着联系了一下，接电话的不是罗奇总裁，而是洛克伍德。他是美国通用公司的企划负责人，对与日本制造厂合作持积极态度。室伏对洛克伍德提出了一个方案，与之前写给福特公司的提案几乎相同，双方就此开始交涉。

与之不同的是，五十铃汽车重新考虑了与美国福特公司交涉失败的原因，此次不再只拿亏损的乘用车部门，也

向伊藤忠表示："这是五十铃汽车经考虑后做出的决定，不会对我们的合作计划产生影响。"听闻此言，濑岛龙三感叹："如此气度，真不愧是世界第一。"

无论如何，尽管伊藤忠总为五十铃汽车的一举一动所影响，1971年，合作终于达成。美国通用公司在取得五十铃汽车34.2%的股份后，同意了全面合作项目。

美国通用公司的目的与福特公司不同，比起商用车，更注重新式小型车的研发，主要想利用五十铃汽车的技术，共同生产、销售适应世界市场的汽车。合作的成果便是在1974年成功推出的Gemini车型。Gemini车型在发售之初便风靡世界，备受消费者欢迎，在日本也广受好评。

可惜好景不长，在推出新车型的过程中，两家公司的合作无法继续推进，五十铃汽车最终退出了乘用车生产领域（1993年），之后主要进行本田汽车的代工生产及销售，之后，开始专注于商用车领域，在商用车领域与美国通用公司重新合作。

美国通用公司不仅与五十铃汽车进行了合作，还与铃木汽车展开了合作，但都没有得到较大的收获。想要改变自身对大型车、皮卡车的依赖并没有那么容易。在这种情况下，美国通用公司的大型车也逐渐滞销，利润大幅下跌，最终在2009年因经营不善，被美国政府国有化。

2013年，经破产重组后的新生美国通用公司再次登上世界舞台，2020年的生产量达到683万辆，排在大众汽车和丰田汽车之后，位列世界第三。无论是美国通用公司还是五十铃汽车，在全面合作后的发展都不太顺利。但是，全面合作还是持续了较长一段时间。1999 年，美国通用公司对五十铃汽车的投资比例达到了 49%，至 2006 年，两家公司的全面合作持续了 35 年。其后虽然终止了投资合作，但两家公司仍共同开发皮卡车，而五十铃汽车生产制造的小型卡车也以美国通用为品牌销售，并联合开发、生产柴油机。

起到中介作用的伊藤忠同样收获不小，通过在海内外销售五十铃生产的汽车，提高了不少业绩。美国通用公司与五十铃汽车的全面合作结束后，伊藤忠追加了对五十铃汽车的投资，如今已经成为位列第三的股东，排在第二位的是三菱商事，持股比例为 8.18%，而伊藤忠则持有 6.81%。三菱商事和伊藤忠在五十铃汽车的海内外销售上各自有着主导地区及主销类型。

美国通用公司与五十铃汽车的全面合作是伊藤忠综合商社化进程中的重大机遇，意味着伊藤忠彻底从纺织商社蜕变成名副其实的综合商社。合作原本的目的是推出适应世界市场的新式车，然而推出的 Gemini 车型最终没能成为最畅销车型，但得益于此次合作，伊藤忠在汽车贸易领域打下了一片阵地。

现在，伊藤忠不仅负责五十铃汽车的销售，还在其他地区与其他公司合作，比如在匈牙利，加入了铃木汽车的生产事业，并参与了零部件、汽车的物流，开拓了中欧地区周边国家的市场，进行汽车的出口。

与伊藤忠和五十铃汽车进行的商业合作类似，综合商社在汽车贸易中主要负责汽车的物流统筹及销售。除早期外，很难插手汽车生产计划、零部件转销等生产部门的业务。1 辆汽车大概由 3 万个零部件构成。虽然各公司情况不同，但日本公司一般有三成的零部件是在公司内部制造的，剩下的七成交与零部件公司生产。并且，对外委托生产的零部件均由汽车公司的调配部门直接从零部件公司收购。发动机、变速器等重要零部件在设计研发阶段便由汽车公司与零部件公司联合开发。半导体、软件等也大多属于联合开发零部件，汽车公司的生产部门与各种类型的公司直接对接。

不过，在今后这种情况将会有新的变化，因为随着时代的进步，汽车及其零部件的研发和制造一定会取得相应的发展。汽车产业即将迎来的变革对伊藤忠乃至所有综合商社来说，都意味着巨大的商机。首先是对 CASE 的挑战。CASE 由四个单词的首字母构成，分别指的是 Connected（互联）、Autonomous（自动驾驶）、Shared & Services（共享与服务）、Electric（电动化）。互联指的是汽车将变成智能手机那样的通信工具，通信零部件及车内系统将会革新。而自动驾驶的实现，不仅要改良零部件，城市交通系统也必须有所变革。

想要在高速公路上自动驾驶车辆，那么新系统的开发就不再是凭汽车公司一家之力所能完成的了。综合商社可借此商机，就像组织工厂设备那样，在道路设施建设、软件开发等方面发挥出自己的组织协调能力。

在共享与服务方面，Uber、Grab 等网约车公司在不断发展成长。综合商社在共享领域与各行各业的职能部门有一定的业务接触，存在大显身手的机会。在新能源方面，综合商社可以提供零部件。新能源可谓近在眼前，欧洲已经先人一步，将从 2035 年开始停止销售新的汽油车，即 ICE（内燃机），同样也将禁售柴油车（HEV）。日本预计“到 2035 年，实现市场流通的新车全部是电动车”。因此，本田汽车决定于 2024 年将在世界范围内销售的新车全部定为 EV 或 ECV（燃料电池汽车），宣布取消汽油车、柴油车的制造项目。

汽车产业的电动化进程飞速推进，早于 2035 年完成自动化也不足为奇。巨变之时正是综合商社出场的最佳时机，伊藤忠已经在移动出行服务行业开始了业务，比如对研发“飞天汽车”等产品的 SkyDrive 公司投资，并在中国各地为物流行业提供 EV 商用车租赁服务。

伊藤忠能够在移动出行服务行业开展新事业，很大程度上得益于与五十铃汽车、美国通用公司持续 35 年的合作项目。三家公司的联合，在流行“合纵连横”的汽车行业属于长期稳定型合作。美国通用公司经历破产重组后，仍与五十铃汽车保持着小型货车开发等方面的商业交流。

虽然在石油贸易领域，伊藤忠的东亚石油投资项目最终失败了，但是在汽车贸易领域，伊藤忠赢得了各个公司的信赖。移动出行服务行业将会随时代发展而变化，伊藤忠有着与五十铃汽车一线工作的宝贵经验，其价值非凡。因为开发出什么样的零部件才是最适合汽车的，这个问题仅靠书面工作是解决不了的。只有亲自去生产厂，亲眼看到生产线，亲口与技术工人交流，才能培养出敏锐的观察力。如果没有敏锐的观察力，自然写不出优秀的商业开发计划。

在汽车制造行业激变的时代，不仅仅是伊藤忠，任何有综合能力的商社，面前都摆满了从销售零部件到统筹物流系统和构建资源共享的商机。综合商社只需看准时机，考虑好在哪个方面放手一搏足矣。

伊藤忠

第七章

石油危机的冲击

商社批判事件的得与失

东亚石油问题始于第一次石油危机。1973 年第四次中东战争爆发后，阿拉伯石油输出国组织（OAPEC）加盟产油国对美国、欧洲各国、日本等亲以色列国家采取石油限供措施。紧接着，包含非阿拉伯国家在内的石油输出国组织（OPEC）进一步提高了原油价格，石油危机由此爆发。而后原油价格持续走高，世界经济遭受严重的打击，一蹶不振。虽然现在多用“危机”一词，实际上，当时世界经济之萎靡不亚于“二战”前的“大萧条”时期。

石油危机爆发前，原油价格一桶（约 160 升）2 美元，而经过石油危机，价格升至 8 美元至 10 美元不等，此后更是在 10 美元至 12 美元区间上下起伏。自 1999 年前后石油输出国组织开始减产起，石油价格一路上涨，雷曼危机前已涨至 130 美元，之后在 100 美元附近徘徊。

在石油危机爆发之前，石油比矿泉水还便宜，日本以低廉的价格购入能源，实现了经济的快速发展。但好景不长，田中角荣内阁提出日本列岛改造论后，日本以地价为首的物价开始全面上涨。原油价格在石油危机影响之下翻了4倍多，部分商人趁机哄抬物价，这导致商品价格飙升，物资匮乏的情况越发严重。

当时笔者刚上高中，学校厕所不再备有厕纸，学生必须从家里带厕纸来学校，因为出现了部分教职人员和学生把厕纸带回家使用的情况。这种现象不仅仅出现在我的母校，那时高中、大学、高等职业学校都有人带厕纸回家。

石油危机爆发时人们将厕纸、清洁剂抢购一空的情形十分恐怖。因为当时不仅是老百姓着急哄抢，还有企业为了卖高价故意隐藏库存。面对暴涨的物价，日本政府实施了一种抑制总需求的经济紧缩政策，试图给通货膨胀降温，但最终物价并未下跌，经济却陷入了低迷，出现了经济萎缩和物价上涨并存的滞胀现象。

日本政府极力稳定物价的举措，并未让厕纸和清洁剂供不应求的情况有所缓解，于是，政府陆续出台了一系列节能政策，比如限制使用私家车及商业街霓虹灯，禁止电台播送深夜节目等，但物价始终居高不下。

大众的谴责对准了综合商社，算得上无理取闹，他们认为："是综合商社进口了高价石油，所以错在综合商社。"甚至有传言称隐藏厕纸及清洁剂库存的也是综合商社。这种传言缺乏确凿的证据，商社社长否认这一情况，但罪名一旦定下，便很难解开误会。最终，这些公司的领导被召至国会进行调查，伊藤忠社长越后正一就是其中之一。

当时的报纸上刊登了这样一篇报道：

各商社社长被诘问物价狂飙的责任

2月25日起，众议院预算委员针对物价问题展开集中审议，为期3天，以各大型商社及都市银行社长为调查对象，指责他们以石油危机为借口哄抬物价，大量囤货，暗中组成垄断集团。企业应为物价飙升买单。同时，审议还指出了政府行政指导存在的不足之处。（摘自1974年2月25日《朝日新闻》晚报）

在野党委员向调查对象提问："去年末以来，石油危机横空出世，商品匮乏，物价飙升。（中略）为什么会出现这些情况，罪魁祸首到底是谁？国民希望知晓真相。"对此，各社社长只是低姿态地表达歉意。同一时期的另一篇新闻报道记载了"自称市民的一群人"发起的一项行动。当中有一个团队前往商社仓库进行调查，发现仓库里堆满了清洁剂和厕纸。于是他们向通产省（旧称）举报，相关工作人员随即要求商社负责人赶快将商品投放到市场上。负责人声称他们并非故意隐瞒，这只是正常库存。但政府工作人员和市民始终认为这只是借口。事实上，正如商社负责人所言，仓库中的清洁剂不过是正常的库存量，但在当时的一片恐慌之下，常理是讲不通的。

商社不同于制造商，不生产消费者直接购买的商品，在石油危机爆发前，大众对综合商社这一民营企业几乎没有任何印象。对老百姓来说，制造商生产商品，其企业形象是很具体的，而商社没有自己的商品，也不在电视上大肆宣传，所以，大多数人不知如何用一句小学生都能理解的通俗易懂的话介绍商社的业务。在石油危机期间，老百姓第一次切身领会了综合商社的部分业务内容。此前很多人对它们的印象就是进口能源的公司，但并不知道它们还参与生活必需品的流通，与老百姓的日常生活密切相关。

不管如何，综合商社的社长因被传唤至国会登上新闻报道而受到了大众的关注。尽管他们遭受了诘问，但鉴于其并未隐藏物资，最后没有被问罪。大众针对商社的批判源于误解,但于越后正一这名被传唤至国会的当事人而言，他非常意外。

我要提到老生常谈的一个话题，那就是对商社的抨击事件。1948 年至 1949 年大众持续对企业展开谴责，尤其是对商社，我现在回想起来还是会觉得心痛。世人竟然都认为我有反社会的嫌疑，作为企业经营者，我遭受了莫大的打击。

自加入公司以来，我呕心沥血、拼尽全力地工作，就是因为这是在为国出力。我坚信自己能为祖国从百废待兴走向复兴贡献一份力量。

越后正一十分愤懑，在遭受抨击后立即选择了卸任。

他对被传召至国会一事耿耿于怀，但对商社来说，这并非只有坏处。实际上，正是从那时起，伊藤忠受到了社会的认可，成为与三菱商事、三井物产并驾齐驱的“综合商社”。撮合日本五十铃汽车和美国通用公司的合作，与其他综合商社的代表一起被国会传召，伊藤忠作为一家纺织企业正是基于这两件事，才得到了认可，挤进了财阀企业的行列。越后正一在《我的履历书》中就自己取得的成绩做出如下表述。

能为我的社长生涯画上一个意义深远的句号，放心地卸下社长一职，我真的很幸福。作为参考，回顾我在任时期取得的成绩，截至当前，公司初始资本已经翻了 6.5 倍，员工数量增加了 2.7 倍，销售额增长 10 倍，集团关联公司数量扩大 2.5 倍（125 家）。取得这样的成绩，离不开社内社外各位人士的鼎力相助，我谨向大家表达由衷的谢意。

在日本经济快速发展时期，伊藤忠实现了腾飞，然而在同时期获得发展的不只这一家公司，也并不仅限于综合商社，战后成立的各个企业大体都得到发展、壮大。

社长决策辅助机制

1971年撮合日本五十铃汽车和美国通用汽车合作之后，伊藤忠才开始被视为综合商社，在此之前，所有人都只当它是一家来自大阪的纺织公司。伊藤忠是一家“二战”前发家的老牌企业，销售额超过了1万亿日元，但直到与美国通用汽车公司结成合作关系，才终于摆脱了“自关西发迹的一家纺织公司”的标签。

濑岛龙三上任后，公司上下对他的期待，便是希望伊藤忠能从一家纺织公司转型为一家像样的综合商社。他没能在销售方面有所动作，而是着力于重塑企业组织结构，规范日益壮大的组织，建立问题解决体系。

虽然濑岛龙三在中曾根康弘执政时代（1982—1987年）担任临时行政调查会委员，辅佐土光敏夫后，动用深不可测的人脉施行了一系列调解举措，但在伊藤忠他当时不过是一名职员，负责为经营者提供支持。而在他所实施的组织结构调整举措之中，以下这项决策尤其重要。

我先从实质上的最高决策机构——常务会（由常务董

事等组成，后续改名为“经营会议”）入手，打算明确其规章制度和运营机制。没过多久，公司出现了一种风潮，各部门经常在常务会发起提案，尤其是遇到一些风险情况时。

常务会的根本属性是多数公决机构，还是服务于社长的辅助决策机构？厘清这一点是问题的关键。我们经过多方讨论后，最终明确其性质为后者。（摘自《几山河》）

如果是像第二代忠兵卫一样，老板兼任社长，常务董事会及董事会也无疑只是辅佐性机构，就算提案被所有董事反对，社长一人就可一锤定音。倘若非老板兼任社长，情况则大不相同。社长是受到提拔的员工，当其他人对一项提案持反对意见时，他绝没有一意孤行的理由。

因而，对伊藤忠而言，濑岛龙三确定常务董事会的性质是一大幸事。即使社长不掌握公司的所有权，只要他有威望，把持着公司上下大局，便可让董事会辅佐自己。虽然濑岛龙三在制定这一决策时也许没有长远考虑，但正是因为这个决策，在遭到全体董事反对的情况下，伊藤忠的最高经营者依然能将创造性经营策略落到实处。

日本泡沫经济时期，“二战”后伊藤忠第六任社长丹羽宇一郎对膨胀了约4000亿日元的坏账及资产的处置措施，便是创造性经营策略中的一例。现任社长冈藤实行的一些举措，如推动工作制度改革、推行早班通勤制度、承担离世员工子女的教育费用、供其读完硕士等，这些措施在决策之初，想来也未必获得了全体董事的认可。在这种组织形态之下，伊藤忠的经营负责人只要有经营策略方面的想法，便可大胆实施。

濑岛龙三引进的诸多尝试当中,也有部分被后人舍弃。例如他曾将对抗演练引进员工教育之中。就“20 世纪 70 年代的伊藤忠应建立怎样的经营战略”这一主题进行讨论时，他便将部下分成两组，命令他们进行对抗演习：一组十二三人，分别命名为第一伊藤忠、第二伊藤忠，小组内部决定谁任专务董事、常务董事。在日常工作结束后，他安排小组成员入住指定酒店，让其彻夜商讨经营战略，彼此交换意见。大概 3 周后，两组“公司”会集一堂，从社长开始发言。这一举措能够帮助员工成长，对公司实际决策也有助益。

实际上，现在的伊藤忠已取消对抗演习。公司没有时任第一伊藤忠或者第二伊藤忠社长的员工后来成为公司社长的记录，也可能当初根本就没有记录“对抗演习”的情况。

仔细想来，虽然那些员工是奉公司之命，但在当时成为未来社长候选人实在不容易，毕竟公司会传遍他们曾在对抗演习中任社长一事。毫无疑问，陆军大学那一套在民营企业里是行不通的，但对于只接受过军事教育的濑岛龙三来说，他无法跳脱出思维的桎梏。他始终认为，陆军学校中的教育方式同样也能套用在私企的员工教育上。

前社长丹羽宇一郎曾这样说道：“濑岛龙三对事物的分析能力，在日本顶尖的，而且他将才智带到了伊藤忠这个与思维能力相比更拼身体素质的公司。”

接任丹羽社长一职的小林荣三关于濑岛龙三有这样一段回忆：

濑岛龙三和我差了 38 岁，所以我们没有一起工作过。但在他曾任管理职位的航空机械部门，我听他的下属谈到过他很多次，都说他不计较买卖中的得失，是一个思维清晰、非常坦率且认真对待工作的人。

我成为社长后（2004—2010 年），好几次被他叫过去。他已经退任顾问一职，属于特别顾问，他的个人办公室位于东急凯彼德酒店内。都是秘书打电话给我，问我有没有时间。

我当然会去赴约。他一边看笔记一边诚恳又耐心地和我聊。笔记上记着 3 点必谈事项。我不拿笔记本，就听他说。他说的内容一般分 3 点，更多时候谈的是世界局势。

他去世前夕（2007 年），我打算去医院探望。他女儿拜托我在某一天的某个特定时刻去。我按照指定时间抵达后，发现他躺在床上，略挺着背，感谢我特意来看望他。住院后，他仍一直关注世界局势。过了 5 分钟左右，我就出去了。他女儿在病房外这样说道：“您在的时候，我父亲还会动脑思考。除此之外，他什么事也做不了了。”可他的思维真的很敏捷。

据说直至今日，伊藤忠的中高层管理人员在制作文件时，脑海中还会闪过他的一句教诲："要点最多3个。"

冈藤减少文件数量的改革之所以取得成功，想必也离不开濑岛龙三的付出，是他让员工掌握了处理事务工作的要诀。

如何让企业这一自愿组成的团体团结起来

全球规模最大的企业和五十铃汽车成功建立合作关系，有伊藤忠的一份功劳。当时伊藤忠代替五十铃汽车展开交涉，洞悉双方诉求，最终找到了双方都能接受的妥协点。回顾历史可以看到，在伊藤忠任职的濑岛龙三，在五十铃汽车与美国通用公司的合作中起到了协调双方的作用。

但在东亚爆发石油危机时，濑岛龙三却轻信“原油价格将会持续上涨”的假说，并基于这一假说进行投资，结果给伊藤忠带来了巨大损失。最初提出方案并决定投资的是社长越后正一，所以濑岛龙三和业务总部不算直接责任人。在规定董事会只发挥辅助性作用的情况下，他们仍未能阻止越后正一的独断专行，说到底，幕僚只是辅助角色，其职责便是建言献策，以助进攻。他不懂如何及时制止经营者态度强硬的行动。幕僚也就是下属，这一身份导致他们无法阻止经营者操控业务。说到底，无法及时止损的根本原因就是业务本部将社长定位为最高经营责任人而不是董事会主席。

此外，濑岛龙三就军队的指挥运用和企业经营做出如下比较："企业和军队归根结底都是由人组成的团体和组织。军队是以保卫国家为最高目标的组织，企业是各人自愿组成的团体。无论是军队指挥官，还是企业经营者都很看重领导能力，且两者都要为了达成目标做出预测、判断形势、制订计划、筹划如何投入战斗力，有很多共同点。军队和企业的要求都很严苛，军队看胜负，企业重成果。但两者最大的差异，就在于组织、经营的方式。军队里，高层意见的下达基本靠命令，而在企业中，意见既需上传也要下达，要尽量培养所有成员拥有参与经营的意识，这点很重要。如前所述，这是因为组织架构从根本上就不同。我不断地反省这一点，一直以来做了很多努力。"

为了让自愿组成的团体团结起来，他采取了何种对策呢？在越后正一、濑岛龙三任职时期，只要做出成果，所有人都有很强的参与感。因为当时公司赚的钱一天天变多，个人薪资也不断上涨。石油危机以前日本企业都在走上坡路，任何一家公司，只要能赚取利润，谁都不会有怨言。企业经营者只需激励下属鼓起干劲，便能凝聚整个团体。然而，东亚石油危机爆发后，企业出现了巨额损失，自愿组成的团队便展露出了其脆弱性，所有人开始灰心丧气。

进入经济停滞时期，员工参与的业务不能轻易做出成绩，无论经营者如何号令众人团结一心，都难以得到回应。公司的经营不仅要求经营者有所作为，还需要员工积极参与其中。经营者过于独断专行，随心所欲地进行人事变动，就会消耗下属的干劲儿，这不能被称为企业经营。经营不只是贯彻社长一个人的想法,还应让员工自发思考与行动。经营者应做的是建设一个能激发员工积极性从而自主行动的环境。2021 年伊藤忠成了商社巨头，这离不开冈藤的苦心经营。

第一次石油危机和日本第一家便利店的问世

20 世纪 70 年代爆发了两次石油危机。第一次石油危机是在 1973 年，以第四次中东战争为导火索。因为当时石油输出国组织（OPEC）限制了石油供应并提高出口价格，原油价格翻了两番。石油自给率很高的美国、前苏联被波及，日本、欧洲各国更是遭受了巨大打击，民众将厕纸和清洁剂抢购一空。

第二次石油危机发生于 1979 年，起因为伊朗革命。这次危机也给日本的经济和民众生活造成了影响，但论及社会的动乱程度，不及第一次石油危机。这是由于第一次危机爆发后，政府机构、企业和民众的节能意识已得到提高，所有人都在尽可能地节约资源，减少石油用量。

第一次石油危机时，油价的飙升让日本苦不堪言。人一旦身陷困境，便会动用聪明才智想办法渡过难关。相反，不见棺材不落泪的也是人。第一次石油危机后，产油国前苏联和能购买前苏联廉价石油的东欧各国并未采取任何行动，换而言之，这些国家没有致力于引进节能技术。例如，东德产汽车耗油极大，然而由于其依赖前苏联供给的廉价石油，并未寻求性能上的改善，渐渐地，不仅是汽车，连工程机械也在节能技术上落人一步。这导致其和西方企业间产生了技术差距。

始自第二次世界大战后的冷战之所以走向终结，在于西方各国与东欧国家间技术、生活水平上的差距无法消弭。而产生差距的契机，便是石油危机和应对措施。石油危机不仅是一场促使油价上涨、节能化发展的历史事件，它在终结东西方冷战中也起到了一定作用。

再者，危机也让全世界的人意识到，环境问题已不容忽视。在石油危机爆发前的消费社会中，油价比水价还低，人们使用石油大批生产塑料制品，制造了大量废弃物。危机爆发后，富裕阶层再难以维系这种大批量生产、消费的生活方式。如今距离危机产生已过去了半个世纪，美国的富豪多用起了对地球环境更为友好的电动汽车，来替代燃料费用高昂的大型燃油车。

人们保护环境的意识在不断增强，无论资源的价格如何上涨，其需求始终是有限度的。当前的社会环境，已不再容许人们开展大规模的资源采伐。资源、金属本为综合商社获利最大的商业领域，但半世纪前的石油危机改变了商社未来的发展方向。

第一次石油危机爆发后的次年（1974 年）成立的一家零售店铺，对日本人的生活产生了重要影响。它就是在东京都江东区丰洲开业的日本第一家便利店——“7–11[1]一号店”。不同于现在的商品品类齐全的便利店，一号店是一家摆放着烟酒的杂货店，并不主售便当或甜品，也没有 24 小时营业。如店名所示，营业时间从早上 7 点到晚上 11 点。

随着便利店的普及，消费者开始追求购物的便捷性。便利店使消费者能就近购入急需的物品，为人们的日常生活提供了巨大帮助。2 年后，雅玛多运输推出了小件物品配送到家的服务——“宅急送”。消费者在家即可收到所购商品，这一便捷的服务逐渐得到普及。此前，百货商店、超市称霸零售行业，但在半个世纪后的今天，便利店、宅急送网购已取代其成为零售行业的主力军。

在便利店问世之初，综合商社只是商品的供应商。随着便利店的发展，两者之间的联系越发紧密。如今，全家、罗森[2]分别为伊藤忠和三菱商事的子公司，7–11 相对独立，但三井物产也是其主要股东之一。综合商社与便利店联系逐渐密切，与便利店性质的改变有关。便利店由最初的烟

[1] 又称 7-Eleven，品牌原属美国南方公司，2005 年成为日本公司。其名称源于 1946 年，借以标榜营业时间由上午 7 时至晚上 11 时，后由日本零售业经营者伊藤洋华堂于 1974 年引入日本，从 1975 年开始变更为 24 小时全天候营业。——译者注

[2] Lawson，又称罗森便利店，于 1939 年在美国俄亥俄州以“Mr. Lawson's Milk Store”的形式成立。1975 年进入日本市场，作为一家专业的连锁便利店公司在日本全面展开业务。目前，罗森除了日本和中国，在印度尼西亚、美国、泰国、菲律宾也拥有多家店铺。——译者注

酒杂货店，逐渐主营便当、小菜等方便熟食，并且开始提供 ATM 取款等服务。

如今的便利店中陈列着从便当、甜品到烟、酒、杂货的各类商品，种类约达 3000 种。提供的服务范围涵盖了 ATM 取款、收快递、领取居民卡、打印照片等。有些便利店甚至供应滴漏咖啡，还设置了堂食区域。

日本国内便利店总数达55887家(截至2022年6月底)，近年来基本保持平稳。店内提供的商品和服务种类多样，且富有变化。便当等食品一旦销售火爆，极有可能全年在售，但如果销量不理想，短短数周便会被撤出货架。便利店追求便捷高效，配备了从商品开发到店铺运营的一整套有序且高效的系统。这套系统由各便利店公司开发、运营，但综合商社也深度参与其中。

一般的消费者会觉得综合商社很有距离感，但其实，如果没有综合商社，便利店这种贴近消费者日常生活的零售店也将不复存在。很多人不了解综合商社的具体业务内容，这些人应该去附近的便利店看看，便利店提供的从商品服务到商品订购系统，均依靠综合商社的后台支持。细看每件商品，你会有更惊人的发现：店内的食品、杂货等商品大半来自国外，非日本本国产品。咖啡豆来自南美洲或非洲，小麦、玉米等谷物来自美国、加拿大等国，纤维制品产自中国、孟加拉等国。利用国际化供应链条集聚商品，再将其引进日本的正是综合商社。

如果想了解综合商社的业务内容，大可不必翻阅专业书籍，只要在便利店实地购物一番，了解一下那些商品产自何处，如何运抵日本就够了。总而言之，石油危机迫使人们开始正视环境问题。便利店、宅急送的出现改变了普通百姓的生活。

与安宅产业合并，深陷东亚石油问题的泥潭

1974年，被称为伊藤忠中兴之祖的越后正一卸任社长，由户崎诚喜取而代之。

户崎回忆其在任时期：

我在任职期间实施了以下三项大动作：（1）与安宅产业合并；（2）应对东亚石油问题；（3）建设东京总部大楼（青山通、外苑前）。

为应对因石油危机而产生的东亚石油问题，为了填平亏损，我销毁了知多和川崎两处的炼油厂，并推进了收购东京总部大楼建设用地一事，当时业务总部长濑岛龙三为此操劳不已，前前后后花了10年左右的时间。大楼的建设正是伊藤忠经营最艰难的时候，很多人对此持反对意见。但我内心暗自决定，到了不得已之时就把楼卖掉，为了伊藤忠未来的发展咬牙坚持。（摘自《攀越险峰之路 纪念小史》）

在伊藤忠历代社长中，户崎是极为突出的。如前所述，他在任期中的所作所为没有多醒目，都是在解决上任社长遗留下来的问题。他淡然地将一些负面事件转为了自己的功绩，无私心，安静而谦和。

那是一段黑暗期，无论是谁来担任社长，都无法改变伊藤忠的艰难处境。接下来的两任社长为米仓功（1983—1990 年）、室伏稔（1990—1998 年），他们是否带领伊藤忠进入黄金时代了呢？事实并非如此。

米仓出任后，1986 年伊藤忠的销售额跃居商社之首。此后，为了保持销售额增长，他更倾向于追求商业规模，而非踏踏实实做买卖。在他任职的后半段，受到泡沫经济的影响，公司表面上看似一帆风顺，实际上，这段时期投资的房地产、特定金钱信托、基金信托等到后期使公司遭受了巨大损失。

早于冈藤正广出任社长的小林荣三（2004—2006 年）评价道：

从米仓社长到室伏社长的时代，我们公司度过了一段艰苦岁月。

我是 1972 年加入公司的。冈藤是 1974 年。说起那之后的录用情况，1976 年招的人数只有之前的一半，1977 年和 1978 年没招人，1979 年也只招了一半。简单来说，1976 年到 1979 年，这 4 年间的员工录用人数只抵以往一年的人数。因为我们和安宅产业合并后，员工数量增加了，新业务的进展却并不顺利。

我刚进公司时，情况还不错，但和安宅产业合并后，到20世纪70年代末80年代初，公司一度濒临绝境。原因在于投资购地，还有东亚石油问题。公司在北海道买了一座山，开发了高尔夫球场。当时外部董事和外部审计机构对经营指标的审查力度还没那么大。此外，20世纪90年代中期决定综合商社排名的是销售额，而非利润，这导致所有商社都致力于扩大销售额。

一味追求销售额的后果是模糊了其本质。按照当时的会计准则，代理销售的商品也计入销售额，商社因而趋之若鹜，虽然没有任何收益，销售额也没有增加，增长的只是代理销售额。过去销售额20万亿日元左右，实际上毛利润只有1.7%。而现在，毛利润能达到10%。

贸易代销额是指代理人（综合商社）代替买卖合同的当事人参与交易时，代销商品金额加上销售额得出的数额。假设出口1亿日元的商品，商社要收制造商2%的手续费，那么商社销售额为200万日元，按照商品金额算作代理经销额的计算方式，总销售额便可计为1.02亿日元。这种“伪造”的销售额自然会导致利润率的下降。不仅如此，企业家一旦只顾着追求贸易代销额，就会忘却商业的本质。

为何所有综合商社都参与了这场愚蠢的竞争呢？因为

一直到 20 世纪 80 年代，只有总销售额前三的商社才能获得参与国际竞标的资格。

不参与国际竞标，综合商社的生意就无法做下去，也会大失颜面。正因如此，商社才会拼命提高销售额。如今这种规矩已被打破，综合商社都将纯利润作为指标，对商社的评价标准也由销售额转变为实际利润。然而，在小林荣三、冈藤正广进入伊藤忠并成为公司骨干之前，销售额一直被视为商社竞争的重中之重。

小林从工学院毕业后经受了信息产业、IT 等前沿岗位的磨炼。相比之下，冈藤从东京大学毕业后并未进入人事部门或涉及金额巨大的资源、机械部门，而是被分到伊藤忠的发家祖业——纺织部门。当时，他与一名船场小学徒无异，在大阪总公司的纺织部门干着费力不讨好的杂活。

伊藤忠

第八章

打杂期的经验教训

冈藤正广面临的转机

毕业于东京大学经济学部的冈藤正广于1974年加入了伊藤忠。他出生于大阪，其父做食堂蔬菜批发，是批发商。生意不差，但赚不了大钱。鲜鱼和蔬果批发商在市场进货时可以赊账，而出售时百货商店直接用现金付款。拿到现金后，其父亲一不留神就花光了。于是每逢年末，冈藤家都有讨债的人来，母亲总是心惊胆战地应付过去。

目睹这一切的他思考道："我要成为一名公司职员。这样家里就不会有人来要债了。"

高三时，冈藤的父亲病逝了。在当时，能直接读大学是最为理想的，可最终由于身体问题他复读了两年。在那段时间，他一边学习一边看着身旁的母亲外出工作。母亲拼命干活、毫无怨言的样子，使他下定决心大学毕业后要待在母亲身边。

母亲住在大阪，所以他准备在大阪工作，回报母亲的付出。那么必须找一家在大阪设有总部的公司，且最好薪酬可观。在东京大学读书时，他身边流行着传言："你只要进入综合商社被外派国外，就能建栋新房。"

“只能去商社了。”冈藤这样想着，接受了三井物产、住友商事、丸红、伊藤忠的面试。

最后他选择了伊藤忠，认为其最适合自己。只是他失算了，外派的薪资不够建房，而且他根本没有驻留国外的机会，想要达成目标，只能靠常年的辛勤工作。

入职后，他被分到大阪总部，成为纺织部门的“交付专员”。按照伊藤忠前社长越后正一的说法，这个岗位负责的工作是：根据品种、品质、数量、金额、期限等合同条件对当天交易金额庞大的棉纱进行核查，并负责物流的管控。现在这份工作可以借助电脑和邮件高效完成，但那时只能靠手写文件和打电话，工作内容烦琐且单调，还涉及和交易方的谈判。和销售不同，其业绩无法用数字直观展现，都是“幕后”进行。但一丝不苟的冈藤从不嫌工作枯燥无味，默默地伏案工作。

无论哪个部门，新员工都要先体验交付等后勤岗位，然后才能去做销售工作。一般短则 1 年，最长也就 2 年。冈藤做产品交付工作的时间比一般人都久，做了 4 年半。

如小林荣三所言，他之所以无法调离这个岗位，原因正在于伊藤忠和安宅产业的合并。

纺织部门从安宅产业调来了很多比冈藤年长的人，再加上减少招聘，也没有新员工进来，年长员工不做交接，可以直接去当销售，所以冈藤虽已进入公司 4 年了，却不得不做本该由见习生负责的工作。

他很想调去销售岗位，作为商社的一员做出成绩。但没有上级的许可，他只能继续重复烦琐又不起眼的工作。即便如此，他也从不懈怠。当交易方没有及时付款时，就算是前辈负责的客户，他也会指出问题。有些客户故意拖账，他还会主动打电话催促。对于从事销售工作的前辈来说，他这种新员工话太多，不讨人喜欢。也许是这个缘故，前辈们并没有表现出希望他加入营业部门的意愿。

调离协调岗位的最终人选确定后，部门内部召开了一次会议，有位前辈突然发言："你真的很优秀，太优秀了。没有比你更出色的交付人员。但在这个行业里，一般的道理是讲不通的。虽然结果已定了，我还是想说，像你这么优秀的人绝不是不适合销售岗位。"冈藤内心既羞惭又失落，可他没干过销售，不知要给出何种回应。

当然，他最终还是代表商社站在了销售的第一线。进入公司的第 5 年，也就是 1979 年，他开始活跃在伊藤忠纺织部门的销售岗位上。工作内容是将男士西装的面料，即用于西服制作的羊毛面料推销给毛呢面料批发商行、百货商场和量贩零售店。面料的单位以"反"计。1 反约等于 60 米，可以做 20 件西装。面料大多从英国进口。当时纺织部门的客户是毛呢面料批发商行。

说句题外话，现在去东京神田的须田町还能看到残存的几家店铺，但皆已不复当年模样。商行内的架子上摆放着整匹的羊毛等面料，准备卖给城里的裁缝和消费者。我去的那家还在营业的毛呢批发商行不做批发，只提供裁缝服务，也零售，其主营业务就是零售。

回归正题，当时经销男士西服面料的商社不只伊藤忠一家，丸红和其他的专业商社都有这一业务，在任何一家商社买到的面料都一样。作为买方，毛呢批发商更愿意与售价更低，或者是能接受延期付款的商社进行交易。

相较于那些一丝不苟地遵循合同和支付条件的推销员，灵活做出妥协的人才更符合大部分商社的需要。他们往往在毛呢批发商行更受欢迎，销售额更高。不巧的是，说起认真执行合同条件，谁都比不过冈藤，且他自幼便学习珠算，尤其擅长心算，对数字很敏感，经常比批发商行的老板更先算出总金额。再加上他是东京大学毕业的，批发商行老板觉得他很难对付。

当时从东京大学毕业进入综合商社的人要么在东京总部负责统筹团队协作，要么被派往国外分公司，又或者多任职于资源、机械等流动金额巨大的部门。在大阪，负责纺织部门销售工作的东京大学毕业生是极少的。

当时批发商行的老板都认为他只会讲道理，不好打交道。所以，冈藤怎样都拿不下一笔订单。他出门推销商品，在去的每一个地方都会被教育："你听好了，这个行业不是靠讲道理就能行的。"不久，在帝国酒店的一场展会上，冈藤注意到了一件事。

在帝国酒店获得的经商启示

帝国酒店展会的主办方英国屋是一家高级男士西装定制店，创始于 1940 年。除了银座总店，在全国还有 9 家门店。在英国屋定制一件西装，最便宜的也要 20 万日元，定做一件衬衫的价格都超过 2 万日元。

冈藤正广因故逗留在神田一家商业酒店的狭小房间里。第二天，他与代理商相约前往帝国酒店，来到了英国屋的展会现场。展台上摆放着各种面料，西装革履的男士与英国屋的销售人员一同坐在桌前喝咖啡，脸上挂着微笑。中老年男士们对陈列的商品漠不关心，只忙着和销售人员约打高尔夫的时间，或是谈天说地。实际上，真正在挑选西装面料的是与他们一同来到会场的妻子和女儿。当然也有独自前来的人，但绝大多数男士是与家人，特别是妻子、女儿一同来的。女性不是这些面料的受众，但她们对面料和设计似乎有自己的看法。

“妈妈，爸爸很适合这种灰色。”

“你胡说什么呢？这种太贵了，不买。那边那个蓝色的就行了。”

“妈妈，这种面料看起来也太廉价了。爸爸真可怜。”

穿衣服的人没有选择的权利，他们只会默默地买下妻女指定的商品。之后，一家人便离开帝国酒店，转战银座的高级时装店。妻子和女儿购入价格高于男士西装1倍的高价服装，一家人再在法国餐厅吃完饭后一起回家。对男士而言，这一天为了挑选、购买西装可谓困难重重。

目睹这一切，冈藤正广对代理商悄声低语：“挑选西装面料的都是太太和小姐。不妨选择芬特克斯（Finteks）、哈里森（Harrisons）等英国产的高级面料，或者干脆标上圣罗兰、爱马仕等女性喜爱的品牌名吧。”

回到大阪后，冈藤拜访了专门经营服装的三喜商事。三喜商事的总部位于大阪中央区瓦町，旗下经营着多个畅销的女性品牌，如卡地亚（Cartier）、积家（Jaeger）、克里斯提亚（Cristia）等。前来接待他的是该公司的创始人兼社长堀田一。冈藤礼貌地寒暄：“崛田社长，我去了一趟英国屋的展会。”

“辛苦了。您此次前来是有什么要事呢？”

“我想，在男士西装面料上标上女性喜欢的品牌名，应该能赚一笔。”

堀田马上理解了冈藤的用意，回答道：“我懂了。这个想法不错。你得先选圣罗兰，它最合适。选这个知名度最高的品牌吧。”冈藤返回公司后又与上司商量，他的想法当即获得了肯定。紧接着，男士西装面料的品牌化方案就被敲定了。

在此之前，每卷面料都是在边缘处织上诸如芬特克斯（Finteks）和斯卡伯（Scabal）等面料制造商的名字。而冈藤提出要将其换为伊夫·圣罗兰（Yves Saint Laurent）这一著名品牌。但这样一来便存在一个问题，圣罗兰没有自家设计的男士西装面料，最多只负责监修，也就是说，它只能开放授权。

最终定下来的计划是：伊藤忠同三喜商事共同选出英国或意大利产的面料，之后交给伊夫·圣罗兰过目，再在它认为合适的面料上绣上品牌名。伊藤忠和三喜商事负责将面料出售给毛呢批发商行、百货商场、服装公司、量贩零售店和裁缝铺。

给现有产品贴上名牌出售的商业模式早已不算新鲜事，谁都能想出来类似的点子，但冈藤是第一个将这种思路运用在男士西装面料领域的人。他向上司申请了 2000 万日元的促销推广经费，在一家位于银座的高级法国餐厅“Maxim”租下整个场地举行记者发布会，吸引了众多记者蜂拥而来。

记者发布会结束后，冈藤又赴法国巴黎出差。接下来的事件让他仿佛从天堂坠落到地狱。当他循着礼节拜访伊夫·圣罗兰的工作室时，却被对方告知“我们想修改合同”。冈藤的脸色瞬间惨白，但也只能硬着头皮顶上。他向对方询问了具体缘由，得知原来是面料的风格不合伊夫·圣罗兰的心意。上司一走了之，只在回国前留下了几句交代：

“冈藤，这是你的任务。剩下的交给你了，一定要处理好。”

出差旅费所剩无几，冈藤只好待在巴黎平民区一家酒店昏暗的房间内绞尽脑汁地思考如何打破僵局。他努力让自己保持冷静，边做深呼吸边开动脑筋，但心中涌上的全是不满……“要是合作搞砸了，我也没脸见三喜商事的堀田社长了。我没钱，又不会说法语……但我只能干下去。”在那个狭小的房间里，他坐在床上，集中精神，冷静地分析着现状。“对方没有否定一切。只是不愿在俗气的面料上附上圣罗兰的名字。问题是花纹不合适，条纹也不行，不符合圣罗兰的调性。好，用纯色吧。圣罗兰系列全部做成纯色的。相应地，只用优质的高级面料，可以做成羊毛羊绒混纺面料凸显质感。”

待整理好策划，天色已渐明。他马上给日本三喜商事致电，获得对方肯定后，又补了会儿觉。之后，他造访了伊夫·圣罗兰的公司，告诉对方：“我们准备做纯色的羊毛羊绒混纺面料。”听闻他的打算，伊夫·圣罗兰没有一句废话，拿笔签了字。由此，冈藤有惊无险地完成了正式签约。经历这样一番波折，伊夫·圣罗兰名下的西装面料总算开始预售，首销销量就高达 400 卷。当时就算销售能手出马，最多也只能卖出 20 卷男士西装面料。而作为销售新人的冈藤仅凭预售便取得了 20 倍的销量。原本在部门内郁郁不得志的他开始崭露头角。

回国后，冈藤着手做了一件事。不过是给面料加上了品牌名，只要有心模仿，任何一家商社都能做到。他明白其他商社马上便会效仿他的举动。在冈藤看来，他耗尽心血促成的策划被别人抄袭了，将备感恼怒。所以趁着还没有掀起这股风潮，他先与所有畅销品牌的总代理店展开交涉，签订了一系列正式协议。只要谈起伊藤忠和圣罗兰的合作计划大获成功，所有总代理店都愿闻其详。

除了自家公司经营的克里斯提亚（Cristia），三喜商社又帮他与思琳（Celine）等知名品牌取得联络。冈藤亲自上门拜访了其他品牌的总代理店，以迅雷不及掩耳之势和它们签下了合同。虽说他已成功抓住了圣罗兰，但如此就沾沾自喜，便会错失主动权。商人要做的是设置壁垒，防止其他公司也来分一杯羹，且要先发制人地联合多个品牌。而这需要源源不断的新创意，同时又要求项目负责人深谋远虑，抓住每一个细节。随后，冈藤开始销售国产羊毛面料，面料上织上了皮尔·卡丹、伊曼纽尔·温加罗等品牌名。皮尔·卡丹的面料发售后，有一次接到了一个2000卷的大单。

冈藤的创新不仅为伊藤忠带来了更高的销量和利润，也造福了整个行业。从此以后，大部分男士西装面料开始印上品牌标识。之后，他继续在纺织行业大展拳脚，为伊藤忠拿下了原本为西武百货所垄断的乔治·阿玛尼的总代理权，并将高档食品超市Dean & Deluca引进日本开设门店。这些都是他的功劳。

后者不属于纺织部门的业务，是他和食品部门的人合作的成果。因此，他在与食品部门的协调上花费了大量时间。综合商社内不同部门间差异巨大，简直像在不同的公司。同公司之内的跨部门合作需要办理烦琐的手续并开展协调工作。

冈藤就任社长后，为了推进跨行业融合，强化组织间的横向联系，在现有的7家公司的基础上增设了第8家公司。这一举动肇端于在统筹 Dean & Deluca 相关业务时的感触，他深感只靠纵向的部门结构，是无法及时响应新业务的需求的。

总而言之，冈藤的创新不只包括开发新商品，他发掘了新市场，并成功在市场上占据绝对优势地位，断绝了其他商社迎头赶上的可能性。他无师自通，洞察了商业工作的本质。

商社发展的动力：以市场为导向，占据主动权

伊藤忠会长冈藤正广曾说过，伊藤忠员工要做的，就是以市场为导向，把握主动权。

对商人来说，以市场为导向至关重要，就是要了解清楚顾客的需求。比如进了一些豆腐，这时如果客人说除了豆腐还想要一瓶酱油，那就必须找地方买好送过去。丰富商品种类也有助于做强做大。而如果店铺给出的回应是“对不起，我们家是豆腐店，只卖豆腐”，那它离倒闭也不远了。不能停留在生产商的思维上，商社只卖自己生产的商品是做不大的。

值得注意的是，商社的组织结构是纵向的，在以市场为导向时这种结构的劣势便会凸显出来。当初我打算将Dean&DeLuca引进日本，很多人认为这交给食品部门负责就好。我好不容易才扭转他们的想法。但近年来伊藤忠纵向结构上的界限也在逐渐被打破，第8家公司就是一个很好的例子。

还有一点也很重要，那就是把握主动权。单纯做生产制造企业的代理经销商，迁就他们的想法，也做不长远。总之，要在商业流程中掌握话语权。

那具体要怎么做呢？我在纺织部门的做法是从品牌入手。抓品牌，这样就能在市场中把握主动权。简单来说，主动就是指商社掌控主导权。做策划也好，开发有竞争力的商品也好，这些都是商社人该考虑的。市场导向和主动权，这两项是商社发展的动力。

站在消费者的立场上思考该如何创新，就是以市场为导向。把握好主导权，才能独霸市场，开辟一片沃土。刚步入销售行业的冈藤正好做到了这两点。冈藤没有研发新的西装面料。他所做的不是发明，而是基于发现的创新。现在的西装面料都附有品牌名称。传统的市场已实现蜕变。

从带给市场的冲击与变革来看，冈藤的创新不亚于便利店推出“手工饭团”。1978 年，7–11 开发了一种“手工饭团”，消费者需自行从包装纸中拆出海苔裹住饭团。在大众的传统印象之中，一般的饭团在出售时已经裹好了海苔。但其实这种饭团不太适合拿到便利店卖，因为在店里放一会儿，海苔就闷软了。连锁便利店要想卖出饭团也得下点功夫，于是，将海苔分开包装的“手工饭团”应运而生。多亏了想出这个点子并付诸实践的人，我们今天才能品尝到香香脆脆的海苔饭团。现在市面上也能见到包好海苔的饭团，但绝大多数是“手工饭团”。凭借将海苔单独包装这一创新点，“手工饭团”后来居上，抢占了传统饭团的市场空间。

冈藤所做的也是如此，他通过创新开发了新市场，让越来越多的消费者使用名牌面料定做西装。男士西装行业得到发展，行业从业人员喜不自胜。受益最大的还是顾客。一穿上名牌西装，再没异性缘的人也能让人眼前一亮。

要在商业流程中占据主导权，仅仅是开发商品还不够，必须开拓新市场。对新产品的研发应由生产制造商来完成。制造商开发全固体电池、燃料电池、光半导体、自动驾驶、飞行汽车、再生纤维、肉类替代品等新商品，其中若出现爆款，制造商便能掌握主动权。商社就是对这些制造商进行投资，以新商品开发新市场。举个例子，全固体电池之类的新型电池既能为电动汽车供能，也能在家中使用。如果还能加大功率，现在航行时仍在烧柴油的船舶说不定也能用上。飞行汽车、自动驾驶软件、光半导体等将颠覆现有的游戏规则，扩大这些商品的应用范围，开发新市场，就是商人的任务。

第一代忠兵卫并非通过开发新产品赚取了创设伊藤忠的资金。他打破了京都、大阪等传统的市场界限，乘上航船，将一种古老的麻布——近江上布带去了九州北部。他猜想近江上布在九州北部的售价会高于京都、大阪，于是决定发起挑战。他用已有的商品开拓了新市场，利用赚取的积蓄，为伊藤忠的发展奠定了基石。

“商人”就等于卖东西的人，我曾对此深信不疑。翻开词典也能发现对商人的各种解释，如“做买卖的人”“以售出物品为职业的人”等。但当我读完两本书后，我遇到了一种更直触本质的表达。如果把范围限定在近江商人的话，那些书中的解释就更合理了。那两本书就是历史学家纲野善彦所著的《思考历史的启示》（新潮文库）和《再读日本历史》（筑摩学艺文库）。

纲野在书中引用了同为历史学家的胜俣镇夫的一段表述。胜俣家共五个兄弟姐妹，只有他一人做了学者，其他人都是知名的企业高层人员，比如东京电力前会长胜俣恒久、丸红的前社长胜俣宣夫。

纲野所引用的是这样一段话：“日本自古时起便形成了一种风俗：彩虹出现的地方定会建有市场。”（摘自《思考历史的启示》）

“这在平安时代贵族的日记当中也能找到佐证，直到室町时代仍残存遗风，例如藤原道长的宅邸中曾架起了一座彩虹。从此，人们便在那儿建立市场进行交易。没有人能猜到彩虹会在哪儿出现，但彩虹一出现就必须这样做。

胜俣提到在彩虹升起的地方建立市场不是日本独有的，其他民族也有这种习俗。因为彩虹是连接此岸与彼岸、人间俗世与神圣世界的桥梁。古时的人们相信，必须在那儿进行交易以取悦神明。他还指出，从这种习俗中也可以得知，

市场，曾被赋予了神界与人界、圣界与俗世分界线的属性。”（摘自《再读日本历史》）

依胜俣之见，彩虹升起的地方即通向另一个世界的桥梁，在那里可以取悦神明。这是学术领域的见解，实际上，当时的商人之所以在那里建立市场，很可能是因为彩虹升起后，很多人会走出家门，集聚在彩虹出现的地方。在那儿开设市场总能卖出点东西。

商人需在彩虹升起后建立市场，关键就在于发现彩虹。第一代伊藤忠兵卫认为只要扬帆远航，便能在九州北部见到彩虹。冈藤在展会上偶遇一群女士在挑选西装面料，从中发现了“彩虹”。近江商人指的便是发现“彩虹”踪迹的那群商人。

伊藤忠

第九章

泡沫经济的余晖

从贸易转向业务投资

1979 年，当冈藤正广开始在纺织部门负责销售工作之时，美国出版了一本书，即哈佛大学社会学者埃兹拉·沃格尔所著的《日本第一：对美国的启示》。过了一个月，译本在日本出版，最后售出 70 万本，火爆一时。作者对日本经济快速发展的原因进行了分析，相较于美国，此书在日本收获了更多关注，让 20 世纪 80 年代的日本人充满自信，士气高涨，激发了人们朝着泡沫经济前进的热情。

一般来说，泡沫经济指的是 1986 年至 1991 年 2 月这段时期。进入 20 世纪 80 年代，《日本第一：对美国的启示》风靡一时，繁荣的经济已初露征兆。1983 年，第一座建于非美国本土的迪士尼乐园——“东京迪士尼乐园”正式营业，象征美国文化的米奇带领日本游客游园，日本人的生活水平已比肩美国。1985 年 4 月，总理大臣中曾根康弘在电视上呼吁每位国民购入 100 美元外国产品。当时政府鼓励国民消费，尤其是使用外汇消费。

明治维新以后，从事贸易的商社人为赚取外汇费尽了苦心。对他们来说，是无法轻易接受总理大臣“不赚美元也行”这一论调的。但仅仅半年后，情况就发生了变化。当年9月，5个发达国家的财政部长和中央银行总裁在纽约广场饭店举行了会议。美国、英国、西德、法国、日本各国的财务部长聚首一堂，决议联合干预外汇市场，控制美元涨幅，缓解贸易失衡，即所谓广场协议。

美国的真正意图在于推动日元和马克升值，以减少德国和日本对美出口。5个发达国家的中央银行同时向市场抛售美元后购入日元。被抛售的美元开始贬值，日元的价格上涨。结果如美国所愿，日元不断升值，3个月后，日元兑换美元的汇率从1:240左右降至1:200以下。日本经济受日元飞速升值的冲击，出口产业遭到重创。日本国民收入换成美元后有所增长，日本市场在国际上的价格不断走高。

为应对日元升值带来的经济萧条，中曾根内阁实施了减少法人税及超低利息政策，这导致企业“资金过剩”。过剩的资金被投向土地、股票和金融产品，且在一众金融产品中，企业尤为偏好“特金”和基金信托。“特金”指的是特定金钱信托，基金信托即“Fund trust”[1]的缩写，两者均为由信托银行托管客户资金并以股票或债券的形式进行投资的金融产品。

终于来到了泡沫经济时代。泡沫经济不断膨胀，1987

[1] 日语中“基金信托”一词用源自英语的外来词表示，故有此言。——译者注

年4月日本国土厅公示的地价显示，东京地价同比增长了53.9%，创下历史最大增长幅度。银座5丁目有套房甚至售价达1坪[1]1亿日元。1988年，东京证券市场收盘价达38915.87日元，约为1985年达成广场协议时的3倍。此外，被誉为经济繁荣程度“晴雨表”的企业应酬费用达4.55万日元，创历史新高。而在30年后的今天，这项开支为50639亿日元（2020年）。然而，仅仅2年后的1990年10月，平均股价便跌破2万日元，1991年地价也有所下降。泡沫经济宣告终结。

同其他商社一样，伊藤忠也在泡沫经济时代投资了房地产和高尔夫球场，将剩余资金投入金融产品。因此，经济崩溃后沉寂了10余年。冈藤在公司2021年度的综合报告中，以“不要重蹈覆辙”为题发言如下：

20世纪80年代仍存有一种规定：只有销量前三的商社才有资格参与国际竞标，综合商社间展开了激烈的销售额竞争。东亚石油危机彻底解除后的次年，即1986年，公司销售额扩大至商社顶峰规模，此后便不惜一切代价只为坐稳销售额第一的宝座。这就导致公司偏离了原来的实干作风，深陷泡沫经济时期房地产、特定金钱信托、基金信托的投资热潮之中。

[1] 坪是一种日本传统的面积计量单位。1坪约为3.3057平方米。——译者注

伊藤忠本应从东亚石油危机的失败中吸取教训，谁曾想竟跻身第一，从此，一再陷入错误的循环。公司提前透支了未来，从20世纪90年代后期直至21世纪初始终在清算巨额亏损，与巨型财团商社在财务方面产生了巨大差距，在21世纪初的资源潮中落于人后。

投资房地产、特定金钱信托和基金信托，无一不是为了提高销售额，从而如冈藤所述，成功跻身销售额前三，获得国际竞标资格。然而20世纪90年代中期之后，商社开始更加重视将关联公司包含在内的联合决算净利润额，而不再仅仅关注单体公司的销售额。这一转变的背景是各商社都在持续不断的销售额竞争中逐渐消耗了实力，且各自的业务版图也从单一的贸易领域扩展到了事业投资和相关贸易领域。

综合商社的业务内容发生转变是在泡沫经济开始之后。“商社寒冬”一词产生于20世纪70年代初期石油危机爆发后。回顾那段历史可以发现，虽然所有行业都一片萧条，但唯独综合商社出现了“寒冬期”的说法。泡沫经济破灭后，“商社无用论”甚嚣尘上，这一观点声称：“中间商终会消亡（Middlemen will die）。”

当时正值汽车和家电等领域的大型制造企业在海外的生产经营走上正轨之时。举例来说，丰田于1986年在美国肯塔基州设立了现地法人，两年后的1988年，第一台凯美瑞组装下线。大型制造企业开始直接在当地采购原材料，商社的参与度下降。其中，汽车制造企业入驻海外时，汽车零部件供应商往往布局在其周边区域。这样无须经过商社的中介，制造商和供应商便可直接洽谈零部件的购入事宜。

另外，广场协议引发的日元升值使没有出海的制造企业也处于劣势地位，企业纷纷削减经费、裁员以降低成本，并通知商社不再缴纳佣金，或直接越过商社与供应商进行接洽。

商界流传着“不需要只发挥代理作用的商社”这一观点，编辑兼作家的速水健朗在其著作《1995年》（筑摩新书）中发表观点，认为是那一年所发生的变化决定了此后日本的走向。

当时日本人已隐约有所预感：现有的常识将不再适用于未来。再加上（阪神、淡路大）地震和奥姆真理教，人们更加深刻地感知到变局的来临。

此外，那一年也是Windows95正式发行的“互联网元年”。同年，日本步入了“失去的20年”，经济发展陷入停滞……（中略）这一年被称为“战后历史的转折点”，也是一个新时代的肇端。

互联网的问世改变了办公场景。过去办公桌上摆放的电话总是响个不停，然而随着互联网的普及，人们开始使用电脑沟通、联络，来电次数骤然减少，打工人只需盯着屏幕便可。同一时期手机签约数也实现暴增。1994 年手机签约数达 430 万左右，次年 1995 年超过 1000 万（《信息通信白皮书》2011 年版 总务省）。

当下移动通信签约数（2020 年末《信息通信白皮书》2021 年版）已达 1.9512 亿，个人手机持有率（同年）为 69.3%，互联网使用率为 83.4%，比起看电视，人们上网的时间更长（看电视时长为 163 分钟，网络利用时长达 168 分钟）。随着网络和移动电话的普及，生产者无须通过商社便可直接与交易对象、消费者取得联系。

自“寒冬时代”复苏

商社必须自发求变。一直以来，商社不断迎合环境变化做出业务上的调整，可以说，求变是其本质属性。20世纪90年代后期，各综合商社纷纷加急开展对经济泡沫的清算，推动企业经营改革，清除不良资产，并进行裁员。1997年到2001年，集团旗下8家公司的合并总资产从47.4万亿日元缩水至37万亿日元，下降了约22%。伊藤忠原有资产7.3万亿日元，也缩水至5.2万亿日元。同时8家公司职员总数也由45234万缩减至34053万。

行业重组也进行得如火如荼。1999年，兼松砍掉非营利部门，缩小业务规模，转型为IT和食品领域的专业商社。2003年日绵和日商岩井合并为双日株式会社。2006年，东绵并入丰田通商，丰田通商摇身一变成为综合商社。至此，八大综合商社[1]还剩下7家。此外，商社间跨财阀、银行集团的业务整合也在不断推进中。

[1] 原日本八大综合商社包括三菱商事、三井物产、伊藤忠商事、住友商事、丸红、丰田通商、日绵、日商岩井，日绵和日商岩井合并为双日后，形成七大综合商社的格局。——译者注

2001 年，伊藤忠与丸红合并钢铁业务，组建了伊藤忠丸红钢铁。次年三井物产与住友商事在建材业务方面进行整合，成立三井住商建材（2017 年已同丸红建材合并为 SMB 建材）。2003 年，三菱商事和双日的钢铁部门重组合并，成立美达王（MetalOne）。2008 年，三井物产和丸红合并液化石油气业务组建了三井丸红液化气公司。

那一时期的各大商社已无暇顾及企业集团间的联系。严峻的经营形势之下，为了生存他们只能着眼当下。就这样，综合商社自 20 世纪 90 年代末起便身临“寒冬”，但这也让各商社置之死地而后生，通过改换业态在 2000 年之后提升了业绩。说到底，人可能只有被逼到绝境，才会主动求变。

寒冬时期综合商社的盈利主要来源于业务投资，而非贸易。相较于提供贸易中介服务，商社更青睐对企业整体或部分进行投资，助其发展，再通过投资企业发展后按股权获得红利。

三菱商事前社长，也是业界盟主的小林健曾在接受杂志《福布斯日本》电子版（2015 年 3 月刊）采访时，对商社业务内容的变迁给出了精确说明：

说起过去，商社其实是在贸易领域提供商品中介服务然后获利。商社的英文译名也是“trading house（贸易公司）”。

随着日本乃至全世界的产业不断发展，综合商社原有的功能和价值遭遇了考验，出现了“商社寒冬时期”，“商社无用论”也应运而生。

就说我们公司的情况。每一任经营者都会顺应当下国际形势及经济环境主动调整定位，我们是在不断进行自我革新的过程中发展至今的。其中，最显著的变化便是我们的主要业务从贸易变为了实业投资。（中略）比如，在对汽车制造产业的投资上，目前，三菱商事分别和铃木汽车、三菱汽车在泰国、印度尼西亚合作建有工厂，投入资金的同时提供人员支持。虽然我们主要从事销售和金融业务，但为了制造汽车，也涉足化学产品、铁板、汽油的销售，还作为独立发电企业（Independent Power Producer）为工厂供电。我们与各公司建立中长期合作关系，追求收益来源的多样化，已经实现了经营模式的彻底转型。（中略）

这种经营模式能帮助我们屹立不倒，永续发展，是一种日本独有的企业形态。如今我们在约 90 个国家建成了约 200 个海外基地，联合决算的对象也涵盖了 600 余家企业。布局之宏大，绝非一朝一夕所能完成的。

再将视线重新聚焦于伊藤忠，20 世纪 90 年代后半期，为了改善企业的经营状况，伊藤忠曾两次开展大规模亏损处置工作。一次是在室伏稔任社长的 1997 年，还有一次是在 1999 年，彼时社长已换成丹羽宇一郎。回溯过去，在“二战”前，伊藤忠也曾数次遭遇经济危机，每次都是在濒临生死存亡的紧急关头，以企业家投入私人财产的方式才得以存续。在“二战”后的经济快速发展时期，伊藤忠的业绩斐然，规模也持续扩大，进入泡沫经济时期，又开始对金融、高尔夫球场等房地产领域进行投资。泡沫经济崩溃后，到20世纪90年代大环境又发生了变化，这些投资转而沦为了不良资产。

当时所有人都坚信地价和股价还有上升空间，这导致对亏损的处理滞后了近10年之久。

“二战”结束以后，日本的地价持续走高。这段记忆过于深入人心，以致日本人形成了一种根深蒂固的观念：就算地价偶有下滑，只要持有地产，总有一天，价格还会回升的。因此，这一时期伊藤忠的室伏、丹羽两任社长能及时做出处理，可谓英明果断。首先来关注室伏时代的改革。

（1997年）1月7日，伊藤忠对公司内外公布了《经营改善方案》，宣布将在今后两年时间内对约2000亿日元的非常损失进行处理。

彼时山一证券、北海道拓殖银行的破产还历历在目，因而消息一经发布，便引发了众多关注。但室伏社长态度非常坚决：“《经营改善方案》无异于猛药去疴，只有这样，才能削除血液凝滞的腐肉，引领我们迈向未来。越是在这种时候，大家越不能只考虑如何削减经营成本，而应充满

野心地发起新的挑战。”（摘自《攀越险峰之路 纪念小史》）

接下来是1999年的改革，此时社长已由丹羽接任。在这次改革中，伊藤忠处理了3950亿日元的非常损失，这一数额达室伏时代的2倍之多，也是综合商社史上最大规模的亏损。当年仅伊藤忠单体的财报中就出现了1630亿日元的赤字，这导致公司最终取消了1998年和1999年的股利分配。丹羽在其著作中写道：

我担任社长时期做的最重大决策，便是在1999年10月宣布要处理3950亿日元的非常亏损。这巨额的损失，在整个行业中都是绝无仅有的，给公司内外带来了巨大冲击。具体举措包括缩减非盈利业务、处置待售房产等。

在泡沫经济崩溃之前，伊藤忠始终坚持扩张战略，甚至在之后也对将要付出的代价一无所知，直到某一天，才突然发现多了很多额外的东西。因为融资对象悉数陷入绝境，尽管非伊藤忠有意为之，土地、大厦之类的抵押品都自然而然归其所有了。（中略）

伊藤忠选择了按兵不动，静待抵押品升值，然而，在此期间损失就像湖滨的细沙般无限累积。再怎样设法盈利，也抵不过这些亏损。这种状态不断持续，令人厌倦无比。不管赚多少钱都无法盈利，工资不见涨，也无人才入驻，每天都很灰暗，员工还有了消极厌世的想法。（摘自《工

作造就人》，文春文库出版）

对企业经营者而言，宣布财务亏损且无力支付股息是很痛苦的，更何况赤字源于非常损失，并非自己经营不当的恶果。这相当于经营者要为早就存在的亏损买单。这种活儿换任何一个人都会尽量想办法推掉，室伏和丹羽却揽了下来。从丹羽那儿接过社长一职的小林荣三回顾那段时期，给出了这样的评价："那个时代把手伸进公司口袋里都掏不出钱。"

那时候太不容易了。伊藤忠在泡沫经济时代投资了特定金钱信托以及基金信托。在不甚了解风险大小的情况下购入土地，投资海外房地产，还建了几座高尔夫球场……1993 年是高尔夫球场建设的高峰期，每洞造价约 10 亿日元，18 洞 180 亿日元，再建一栋俱乐部大楼就是 200 亿日元。我当社长时（2004—2010 年）卖掉的高尔夫球场中最便宜的售价不到 1 亿日元。但我们只能及时售出止损，以便满足审计机构的要求。那时，我们铁了心地要逐一清理这些亏损负债。

最让我难受的，还是很多人申请提前退休。那时我正好在当部长。1997 年、1998 年公司让 45 岁以上的职工提前退休，人数占全体员工数的一成左右。退休的人不会再被伊藤忠的关联公司聘用，提前退休的条件是要自己再找工作。当时举手请辞的超过了700人，给我带来了很大的打击。

泡沫经济崩溃后经济陷入了停滞状态，再加上有债务必须处理，与同行业内的其他公司一样，当时的伊藤忠已经不堪重负。尽管如此，他们还是放低姿态应对变化，成功存活了下来，甚至还有所发展。他们几经践踏尚图强，拥有不服输不放弃的精神。正是这段时间培养的能力，帮助他们迈向下一个时代。也是在这一时期，伊藤忠将重心从贸易转移到了业务投资上。这成了它此后超越三菱商事、三井物产成为头号商社的重要原因。

想在贸易方面超过资源强大的三菱商事、三井物产可谓难如登天。三菱商事将东京电力公司、东京燃气公司发展成了客户，三井物产也和日本制铁公司有交易往来，两者的优势地位不可撼动。而业务投资则与资源无关，所有公司都能站在同等的起跑线上竞争。时代对伊藤忠是残酷的，但伊藤忠砥砺前行，闯出了一片光明的未来。

伊藤忠

第十章

商社排名

综合商社商业模式的变迁

曾任职于三井物产的小林敬幸在其著作《令人不可思议的综合商社》（讲谈社 +α 新书出版）中写道，20 世纪 90 年代后半期到 21 世纪初，综合商社的业务内容发生改变，重心从贸易转移到业务投资上。他还认为，这导致衡量竞争力的指标从企业单体决算的销售额转变为联合决算的当期净利润。

业绩评价标准从单体决算的销售额变为联合决算的当期净利润，是因为商社的获利方式(业务形态)发生了改变。在这 30 多年的时间里，（综合商社）实现了商业模式的剧烈转型，从以商品销售为主的交易中介商转变为以业务投资为基础。相较于买卖商品，他们开始更注重开展新业务，所得收益也主要来自投资对象的分红。

以资源产业为例，商社不仅对进口石油进行销售，还会购买石油勘探公司的部分股份。当资源公司获利时，商社也能根据持股比例获得相应利润。虽然这种投资需要一定的起始资金，但除了贸易收益，商社还能获得额外的投资收益。

在汽车出口领域，商社则与东南亚等地的汽车公司共同出资成立销售公司，参与当地公司的运营，再作为经营管理团队分得部分利润。

在上述的那本著作中，关于业务投资收益有这样一段解释：

经验丰富的商业人士在听到综合商社进军业务投资开发领域不再追求销售额后，可能会猜测商社目前的主要盈利来自子公司的股利收入和已买入的股票在出售时的收益。这种推测对了一半。

在总公司单独的财务报表中，除了销售收入，盈利只分为股利收入和股票出售收益。这两者占据了大部分的业务型收益。而另一半正确答案，则是联合决算的收益。

合并财务报表中会将关联公司的利润按照投资比例算入母公司利润中。如果投资比例为 40% 的子公司获得 100 的税后利润，母公司在联合决算时将计入 100×40% 的税后利润。合并销售则不会计入一分一毫。

简而言之，哪怕从子公司那儿分不到一丝红利，也不出售子公司的股票，没有一分现金流入总公司，仍然可以计入 40% 的利润。当然在相反的情况下，如果子公司出现 100 的亏损，总公司的合并财务报表上也会计入 40% 的亏损。

综合商社中联合决算成为主流是在1998年。此后，决定综合商社排名的标准从销售额变为了合并税后利润。

无论如何，自从合并税后利润成为衡量指标以来，综合商社的经营者需要关注的情况更多了。他们不仅要了解自己公司的数字，还需要了解所有关联公司的各项数据。

单单从这段解释来看，公司似乎完全聚焦于业务投资，而忽视了贸易方面的盈利。但实际情况并非如此。伊藤忠的《2020年度报告》指出，公司在进行业务投资时，原则上是在追求贸易利润的基础上进而获得股份分红。私募股权基金原则上以非上市公司为投资对象。持有比例从过半数到100%不等。持有行为以出售为前提，期限相对较长，且并不强求投资对象之间实现协同。另外，伊藤忠业务投资的持股比例将根据不同行业情况有所区别。与以出售为前提的私募股权基金不同，业务投资的前提是长期持有，关注点在于能否创造营利性的协同效应。

以下是更加通俗易懂的解释："私募股权基金是光花钱不干涉。相比之下，伊藤忠的业务投资既出钱又出点子，还会派人过去，全力以赴保证有产出。"

冈藤正广对员工的要求

伊藤忠从贸易领域转型业务投资是在20世纪90年代后期至21世纪初，但早在此前，他们就发现了业务投资的价值。经济快速成长时期日本需要进口石油，当时就有产油国和能源公司要求综合商社负担石油开采的费用，或者帮忙投资建立公司。遇到这种情况，商社也无法回绝。虽然并非所有的油田都能开采出石油，可一旦成功，所获得的收益将远超石油进口贸易。如此，业务投资从能源顺理成章地扩展到了其他领域。

汽车、公交车、卡车和重型机械等工厂迁至国外导致了日本对外出口的减少。为国外工厂供应零部件也需具备专业知识，否则难以提供中介服务。再者，制造商在采购零部件时会从设计阶段参与其中，决定最终样式，联合零部件公司进行产品开发。这样一来，综合商社作为中介商便失去了用武之地。纺织制品领域同样如此，贸易代理商的生存空间日益狭窄。

以一家奢侈品牌为例。过去奢侈品牌的进口会涉及综合商社、专业商社和百货商店。商社与欧美的奢侈品牌进行洽谈，支付合约费用，从而拿到独家进口代理权。商社负责品牌宣传,建立完善的商品流通网络,并进行品牌运营。有时商社还会开设零售专卖店负责产品销售,参与从备货、员工培训到确认促销商品种类、价格的全过程，实现品牌在日本市场的推广。

然而，为了提高利润，国外品牌总部倾向于取消商社代理权，关闭总代理店，转而在日本设立一家 100% 控股的分公司，由其直接进口商品并批发给零售商。这种方式能够获取更大利润。有一家总代理店的发展历程可以视为典型案例。

曾经，在东京银座并木街有一家名为“Sun Motoyama”的品牌总代理兼精品买手店。这家高级时装店经营古驰、爱马仕、罗意威、菲拉格慕等品牌，商界人士和知识分子流连于此，其顾客都是有一定社会地位的人。店铺定位高端，经由该店介绍可自由出入银座的高档日料店、夜店。

店铺创始人茂登山长市郎致力于资助艺术和文化事业。1990 年他出资制作了佛罗伦萨圣约翰洗礼堂东侧“天堂之门”（洛伦佐·吉贝尔蒂作品）的复制品，并将其捐给了教堂。由此，他成为首名被授予佛罗伦萨市最高荣誉“翡冷翠之钥”的日本人。他的功劳在于挖掘、培育了众多品牌，让它们走进日本消费者的视野。他十分仰慕欧美各国的文化，耗费巨资打造“天堂之门”复制品，也是出于对品牌起源国的感谢之情。Sun Motoyama 为国外品牌花费了如此多的心思，最终也没能摆脱与品牌总公司终止合作的命运，失去总代理资格后，店内陈列的商品减少，经营一蹶不振，最终于2019年被迫倒闭。

单靠“总代理店”“进口商”这一身份已不足以盈利，必须掌握品牌战略上的主导权。伊藤忠最初和品牌合作时取得的几乎是独家进口销售权及许可权，阿玛尼、伊曼纽尔·温加罗都属于此类。如今则更侧重于对品牌总部进行投资，参与品牌运营，实现了业务投资与贸易的融合。其参与经营或拥有商标权的品牌包括匡威、狩猎世界（Hunting World）、力士保（LeSportsac）、Outdoor Products、保罗·史密斯（Paul Smith），被授予独家进口销售权、总许可权的品牌则涵盖了斐乐、海德（Head）、Psycho Bunny、圣东尼（Santoni）、薇薇安·威斯特伍德（Vivienne Westwood）。

然而也有相反的案例。在品牌总部已开设日本分公司进入日本市场的情况下，综合商社依然掌握主导权，比如汽车销售公司柳濑。柳濑是伊藤忠的关联子公司之一，伊藤忠持股比例达66%。这家公司曾经通过进口奔驰和大众汽车盈利，转让进口权后，公司业绩一落千丈，而后在伊藤忠的帮助下实现了重组。

汽车销售有别于女装或箱包，不是卖出一辆汽车便大功告成。车检、定期检修等维修服务、机油销售、车险销售和续保、新车折旧后作为二手车出售……各类附加服务数不胜数。汽车行业将这些服务统称为4S店的价值链。柳濑既有汽车修理专家，也有车险方面的专家。所以，顾客才会心甘情愿为其提供的服务买单，不会在其他店买一台裸车，放弃附加服务。主导权不单指对品牌的控制权，如汽车这类耐用消费品，通过提供优质服务也能助力企业占据先机。

伊藤忠会长冈藤正广经常对社员说："综合商社脱胎于传统贸易，通过整合在市场营销和物料等方面的功能和经验，提高附加价值，成功脱颖而出。换言之，迎合时代'潮流'不断改革是商社立足的核心，所以我们不能囿于特定领域，必须保持对各行各业的高度敏感性，广泛积累知识经验，灵活调整资金和企业资源的配置。（中略）未来，综合商社还将不断改换形态，如何把控商品流通环节，是我们接下来所要面临的挑战。我们要利用在能源领域，尤其是生活消费相关领域已取得的优势，继续打磨现有的商业模式，进一步发挥我们的长处，争取在商业全过程中占据主导地位。"（《2021年综合报告》）

一般来说，当经营者吹响拓展新业务的号角，所有人都会奋力搜寻有望在短期内畅销的产品，或是投资潜力产业。大家思考的方向都集中于发掘潜力产业的新产品。冈藤不会要求所有人都展开思考。他并不否认开发新产品的意义，但始终认为，应先从自己擅长的方面着手，在自己熟悉的领域做到领先。商人无须拘泥于产品的新旧程度，要能发掘其所蕴藏的商业机遇，从而开拓出一片广阔的新市场。

过去的商人在目所能及的“彩虹”之处做买卖。商人们会一直注视着彩虹出现的地方，早早地开门营业，出售招牌产品和其他库存之物。

伊藤忠

第十一章

进军便利店行业

关于投资全家便利店的谈判

伊藤忠商事有两项业务是从传统贸易发展而来的，分别是便利店业务和 IT 业务。这两项业务正式开展于 20 世纪 90 年代末期。1998 年投资全家[1]，1999 年子公司 ITOCHU Techno-Science 上市，这两件事都是在丹羽宇一郎担任社长的 6 年里完成的。

1999 年，丹羽一次性处理了公司的“非常损失”，他的英明决断使其名声大噪。此外，他一直致力于发展便利店业务和 IT 业务，为伊藤忠的发展做出了许多贡献。他提到：“我就任社长后首先面临的问题是要在‘攻’‘守’两方面上都做出伊藤忠历史上前所未有的重要决策。‘进攻性决策’包括我就任之前就在进行的收购全家便利店的股份，与西武百货合作，参股吉野家和整合伊藤忠与丸红钢铁部门的业务等。‘防范性决策’是在 1999 年处理了总计约 4000 亿日元的低效、亏损资产（非常损失）。”（摘自《攀越险峰之路 纪念小史》）

[1] Family Mart，又称全家便利商店，日本连锁便利商店集团，在中国、泰国、韩国及美国均有连锁店。——译者注

全家目前在日本拥有16556家店铺（截至2022年6月底），是仅次于7-11的第二大连锁便利店。全家连锁便利店成立于1973年，其前身是世存集团旗下经营超市的西友商店[1]在琦玉县狭山市内开设的第一家分店。

7-11和罗森都源自美国，全家则是日本本土独有的连锁店。如前所述，伊藤忠出资，于2015年与经营Circle K和Sunkus的Uny集团控股公司达成合并协议。此后，Circle K和Sunkus的店铺都为全家所取代。自20世纪90年代初以来，伊藤忠收购全家便利店的股份的工作就一直在有条不紊地进行中。

粮食部门出身的丹羽在担任业务部长时就已经开始投资全家，随后又“积少成多”地不断买进其股份。他的目的不言而喻：如果与全家的资本关系进一步深化，就有可能增加供应给全家的食品种类和数量。

虽然伊藤忠商事也向全家派遣过员工，但当时的业务范围仅限于货品供应。1997年末，转机出现了。时任世存集团负责人和田繁明向时任伊藤忠副社长的丹羽询问是否有兴趣收购全家。世存集团渴望资金，它必须清算旗下的非银行金融公司——东京城市金融（Tokyo City Finance），正是需要资金的关键时刻。也许是因为资金紧缺，世存集团决定向伊藤忠出售子公司全家。

[1] 原为Family Mart的母公司，后改名为“西友株式会社”。——译者注

丹羽认为这是个绝佳的机会，他径直前往位于池袋阳光城的世存集团总部，与和田直接商谈。丹羽能够接受的金额是 1350 亿日元，这笔钱可以将全家 30% 的股份收入囊中。这对于当时“翻遍口袋也找不到钱”的伊藤忠而言是一笔令其肉痛的巨款，即便如此，丹羽还是下定决心。但如果对方要求更多的钱，那他也只能当场拒绝了。和田也有自己的苦衷，虽然挽救了大厦将倾的世存集团，但手头的资金并不充裕，和田需要拿到尽可能多的钱。

两人在接待室里面对面坐着，却没有要说话的意思。他们都很清楚对方在想什么，“谁先开口，谁就得妥协”。打定主意，双方四目相对，丹羽与和田都抱着胳膊，一言不发，时间在二人的僵持中一点点流逝。丹羽心想：“绝对不能动，一动就输了。和田要是能撑一个小时，我得撑一个半小时。”拉锯战持续了半个小时以上。和田撑不住，动了，说：“丹羽先生，原谅我先失陪一下。”那一瞬间，丹羽心知“赢了”。“当时和田起身离开，也许是为了打电话向堤清二先生汇报吧。”回到座位的和田，最终同意以丹羽提出的价格转让全家的股份。伊藤忠于 1998 年 2 月正式宣布成为全家的最大股东。此时距离丹羽被任命为社长还有 2 个月。

丹羽之所以决定支付这笔巨款，是因为他确信“便利店的发展还远不止于此”。当时日本全国约有 4 万家便利店，根据便利店业界自身的估算，在便利店的商圈内，一般一家便利店周边的人口有 2000 人，拥有 1.2 亿人口的日本，可以开设6万家便利店。出于“还可以开设2万家店”的考虑，伊藤忠重金投资了全家。

目前日本全国共有 55887 家便利店（据日本特许经营协会统计，截至 2022 年 6 月）。余下的开店空间已经越来越小。正如丹羽预估的那样，全家的店铺数量不断增加。伊藤忠成为全家的最大股东后，不再局限于以往的供货业务，转而开始负责全家的整体管理。丹羽解释："（综合商社）一般只参与便利店的原料生产和中间流通。但是并不对这些（小麦）面粉进行二次加工，来制作乌冬面或面包，也不对其进行销售。最重要的是，这两件事都会产生利润。尽管只生产原材料和做运输商是无利可图的，商社却长期安于现状。我认为必须改变这种状况。”（摘自《工作造就人》）

这并非丹羽一个人的想法，也不仅仅是公司管理层的意愿，而是全体员工的意愿。

不仅是食品部门，整个伊藤忠长期从事的都是原料采购和物流配送这样的上、中游贸易。虽然在采购和物流上付出了大量的人力、物力，但是得到的利润却与这些花费不成正比。对于商社的人而言，开展零售等下游贸易是力所能及的事。虽然这会增加工作量，也会提高库存积压的风险，但相对应地，利润也会提高。如果放弃下游贸易，公司将会难以为继。

对全家的商业投资，对伊藤忠而言其实也是一次开展全新业务的挑战。

商流和物流的改进减少了70%的配送车数量

伊藤忠在投资全家后改进了向店铺送货的配送系统。全家的一位员工之前在伊藤忠工作时从事的就是便利店相关业务。为了减少向店铺送货的配送车数量，他费尽了心思。

在此之前，伊藤忠一直在努力发展中上游，但这并不是长久之计。于是，伊藤忠开始涉足下游，配合它迈出第一步的就是全家。之后，伊藤忠努力提高配送车轮转店铺的效率。之前每家店铺每天大约有20辆配送卡车来送货，现在的数量已经减少了。

除了有一些厂家会直接向店铺供货，还有一些厂家会先将货物运到西友的商品中心，再由西友的卡车重新装载和运输。此外，牛奶、鸡蛋等商品也会由不同的厂家运送，还有专门负责运送报纸、杂志的卡车。

因为厂家的供货很分散，所以每天都有近20辆配送车前来送货。每次卡车到货时，便利店都要派人出去取货，将货物搬进店里，再摆放到仓库的货架上。这个过程每天要重复20次，不但顾客难以专心购物，员工也会一直被困在理货的工作中。我们认为必须做点什么来改善这种情况。

伊藤忠团队采取的改进措施是对从厂家运送到全家各店铺的货物重新进行物流规划。具体而言，伊藤忠成立了一家新的物流公司，建立了配送网点，将各厂家的货物集中整理后再运输。之前提到的员工说："现在由我们公司的关联公司日本ACCESS（NIPPON ACCESS）负责物流。通过对物流进行重新规划，现在能够将配送车辆的数量从过去的每天20辆左右减少到现在的7辆。"

最早致力于减少配送车数量的是便利店业界的"领头羊"7-11。根据该公司的资料记载，1980年，它是日本第一家"通过共同配送减轻环境负担"的公司。"当时（1974—1979年），大型厂家都会采用各自的物流方式向各店铺送货，每天有多达70辆送货车辆前往店铺。这在工作量方面，在环境和成本方面都是很大的负担。通过向4家牛奶厂家反复宣传共同配送的好处并得到他们的理解后，在1980年，我们实现了日本的首次共同配送，即不同厂家的产品由同一辆车运送。此后，其他厂家也认可了共同配送的好处，配送车辆的数量大幅减少，在减少二氧化碳排放和缓解交通拥堵方面取得了很好的效果。对于加盟店来说，接收货物的次数大幅减少，商店的运营效率也大大提高。"

努力有了收获，7–11将送货车辆的数量从1974年（公司成立的第二年）的每天70辆减少到2005年的9辆。7–11公司通过“反复游说厂家”减少了配送卡车的数量，而伊藤忠则通过建立物流公司和自己的仓库来解决问题。

7–11从接收端，即站在店铺的角度考虑后提出了解决方案，而伊藤忠商事则是出于商社自身的考虑，对商流和物流系统进行了整体的改进。从结果上看，双方都减少了配送车的数量，但7–11需要“店铺方经常发动厂家减少配送车数量”，伊藤忠和全家则是把问题交由负责物流的公司来解决。

伊藤忠对于全家的态度还体现在人事方面。被调来开展便利店业务的往往是那些在各个领域都拥有丰富业务经验的员工。比如上文提到的那位参与配送系统改进工作的员工，他之前在伊藤忠的机械部门任职，多年来一直从事着建筑机械的出口工作。员工可以将在不同领域工作时获得的想法和技能活用到便利店业务中。之所以能做到这一点，是因为综合商社的业务范围非常广，可以说是“下至拉面上至火箭”。

正因为有眼界开阔的人才，伊藤忠才能够在物流改进工作中独辟蹊径，而不仅仅局限于做厂家的思想工作。那么，那些离开自己从事多年的业务领域，转而负责便利店业务的员工是如何看待自己的人事变动的呢？“我是主动请缨来便利店的。还有一些员工也是自愿来这里的。”他说。

伊藤忠的员工人数，别说和三菱商事、三井物产比，就是和住友商事、丸红相比也是不占优势的（截至 2022 年 3 月末）。因此，如果不灵活调配人力资源，就无法加快新业务的开发。

在伊藤忠，像他这样在部门间调动的员工并不少见。因为如果不这样做，伊藤忠就无法与排名靠前的综合商社竞争。可以说，伊藤忠组织的灵活性缘于其员工人数少这一现实。

回到全家改革的正题上来。继改进物流之后，伊藤忠团队转而关注数据的使用。刚才提到的员工再次说道："便利店也被称为系统产业，如何及时获取信息，快速交付商品是至关重要的。假设某家店铺预估第二天的需求量后，订购了 3 份便当，这一信息会立即与全家、物流中心、便当厂家共享，之后便会形成将便当于次日下午 3 点前送达店铺的一系列安排。从下单到送货的时间越短，我们就越能提供新鲜的便当。换句话说，我们的工作就是日复一日地与数据和系统作斗争。伊藤忠参与系统开发后提升了我们的速度，并使我们能够与其他公司建立精确的合作伙伴关系。对于全家而言，只要是对自身业务有利的事情，都可以得到伊藤忠的帮助。然而，即使是伊藤忠采购不到的商品，只要来全家的顾客需要，无论这些商品出自哪里，我们都可以进货回来销售。这就是伊藤忠和全家所考虑的市场导向（Market–In）策略。"

无论哪里的商品都可以销售，这是一个十分重要的想法。对于财阀系公司来说，由于存在集团或隶属关系，自然不得不大量使用集团内部的产品。但伊藤忠是自由的，只要商品是“客户想要的”，从哪里采购都不是问题。“我们终究要以客户为中心来做生意，这就是市场导向。特别是在零售业，如果没有市场导向的思维，你永远不会成功。”那位员工说道。

速度的掌控

一位从事便利店业务多年并且曾经被借调到全家的食品公司高管说:“我认为自从伊藤忠介入后，全家发生了变化。其中变化最大的就是物流。”伊藤忠投资全家后，全家的物流功能得到了强化。

2006 年，伊藤忠将冷冻（Frozen）和冷藏（Chilled）食品行业的第三大公司日本 ACCESS 纳入麾下。日本 ACCESS 最初是雪印乳业（现雪印 Megmilk）集团的食品批发商。当时的公司名称是雪印 ACCESS。在 2000 年雪印集团食物中毒事件后，雪印乳业的业务受到影响，雪印 ACCESS 也因此成为伊藤忠的关联公司。

2007 年，伊藤忠收购日本 ACCESS 后，将精于常温（Dry）物流和商业物流的西野商事与日本 ACCESS 合并为旗下子公司。将合并后的公司与负责全家物流的 Family Corporation 合并，伊藤忠强化了其在冷冻、冷藏（均为日本 ACCESS）和常温（西野商事）三个温度的物流功能。

前文提到的食品公司高管认为，在便利店业务中，物流是重中之重。

日本 ACCESS 成为对于伊藤忠和全家而言不可或缺的运营公司。食品批发商的职能是提供运用商品来建造销售区的方案和运输商品。这两点是便利店业务的根本。日本 ACCESS 负责运输牛奶和冷冻食品，是一家实力雄厚的公司。在过去，送奶工会将牛奶送货上门，因此，日本 ACCESS 与邮局和报刊亭一样扎根于当地，根基十分牢固。西野商事在常温物流方面实力强劲。常温货物指的是干货、挂面、杯面和茶叶等商品。两家公司合并后，伊藤忠不仅可以向全家，还可以向永旺和百货商店供应商品和提供商品运输服务。

日本 ACCESS 目前在食品批发业拥有最大的市场份额。它的竞争对手是三菱食品，它由菱食、明治屋商事和 SAN-ESU 3 家公司合并而成，在酒精饮料、罐头食品、常温食品和点心等领域实力雄厚。不过，日本 ACCESS 在冷冻产品方面实力较强，其酒类产品也在逐步增加。三菱食品和日本 ACCESS 已不是简单的专业批发商。它们都设有产品开发部门，负责研发提供给便利店和超市的食品。

伊藤忠在便利店业务上投入了大量的人力、时间和预算。重要的一点是，所有的开发人员考虑的都是“市场导向”（Market-In）而非 “产品导向”（Product-Out）。便利店货架上摆放的自有品牌商品并不是开发人员的“作品”，而是顾客可能想要的商品。伊藤忠为全家提供的帮助不仅限于商品开发和物流，例如伊藤忠还推动全家使用 AI 来辅助店长，以提高订货的准确性。

之前也提到过，伊藤忠的员工人数少于其他的综合商社。伊藤忠要想凭借少数的员工跟同行竞争，就必须对各种事务迅速做出决定并立即执行。从结果上看，并不占优势的员工人数反而使伊藤忠形成了坚实有力的组织脉络。

从食品公司高管的话中我们可以了解到，对于便利店来说，最重要的是反应迅速。要想在便利店行业中独占鳌头，就必须在商品开发、物流系统、店铺发展、经营策略等各个方面都比同行早一步接触新事物，不断推出新的手段。毕竟便利店行业是日本竞争最激烈的零售业之一。

他对此表示："是的，确实如此。"

配送最重要的也是速度。便当和熟食菜肴的运输是一天三班。第一班是从晚上 10 点到凌晨 1 点，运送牛奶、便当和饭团等东西。第二班是从早上 7 点到上午 11 点，主要运送午餐便当、饭团、三明治，还有各种熟食菜肴。第三班是从下午 2 点到下午 5 点，在晚餐之前配送。

配送便当和饭团的原则是恒温运输。恒温是指 20℃ ±2℃。恒定温度是有原因的，试想我们在家里煮饭后，把米饭放进冰箱会怎么样呢？如无意外，米饭会变硬。因此，饭团要在恒温条件下进行运输。另外，包装完好的炸猪排盖饭、亲子盖饭等商品主要是冷藏食品。冷藏食品的包装上有“请务必加热”的标识，而饭团的包装上则没有。冷藏盖饭不仅能保持食品的新鲜度，还能减少食品损耗。便利店的食品运输划分为4个温度带，分别是常温、恒温、冷藏和冷冻。

我们现在面临的挑战是增加固定商品的数量。不只是全家，每家便利店平均每年都会更换掉70%的原有商品。很多商品刚推出时卖得很好，但渐渐地就卖不动了，于是便利店会再推出新的商品。如此周而复始，便利店就变成了自家公司与同行业其他公司之间新商品开发战的前线。

当我们向外国食品行业的相关人士介绍日本便利店的物流和新商品开发频率时，他们通常会惊讶地发问：“有那么多吗？就不能让商品在货架上多摆一段时间吗？”

首先，他们不了解便利店的熟食菜肴和便当一天要运送3次。他们也不了解商品的生命周期这么短，新商品甚至会在一个月内就被下架。在国外，他们不会一天送3次货，并且当他们决定“卖这个商品”时，至少会将其上架3个月。

日本的便利店行业竞争非常激烈，决定竞争走向的是速度。运送商品的速度自不必说，收集数据的速度也不能比其他公司慢。最重要的是公司必须迅速做出经营决策，抢在竞争对手前面。公司的规模、投入的预算、商品和客户服务的质量都是左右胜负的因素，但首要的是速度。如果不能比竞争对手走得更快，就无法生存下去。

说到速度的重要性，我想起了文艺评论家秋山骏的作品《信长》（新潮文库出版）。那本书中写着“战斗中速度是多么的重要”。秋山认为织田信长和拿破仑都是战争天才，而天才赢得战争的方法就是掌控速度。

“他（拿破仑）的天才之处在于，无论何时何地，在战斗中他总是能使自己的兵力达到敌人的2倍。”“司汤达所称赞的却是与之正相反的例子。当时拿破仑的军队被兵力是自己2倍的同盟国大军前后夹击，整个欧洲都猜测这次这个小个子司令官会丧命，就在所有人的目光注视下，拿破仑取得了胜利。他的军队先是与前方敌军交战，然后全速反攻后方敌军。拿破仑在腹背受敌的情况下仍然取得了胜利，在18世纪末的近代，重现了凯撒《高卢战记》中的经典场面。司汤达低声说，拿破仑的‘速度’打破了全欧洲的常识。”

伊藤忠的便利店业务从收购全家开始便效仿织田信长扩张的速度不断发展。到了冈藤正广时代，为了进一步加快发展速度，伊藤忠创建了一个新部门——第8公司。一直以来，对接便利店业务的都是食品公司，但第8公司作为负责便利店内外事务的机动部门将会开拓新的业务。

伊藤忠从便利店业务中收获的不仅仅是全家的兴盛发展。从业务规划、商品开发、上架商品选择，到店铺运营系统和对相关公司的投资，这些都是伊藤忠收获的整体经验。

在开展这项业务的过程中，为了战胜比自己排名靠前的商社，伊藤忠学会了掌控速度。要想发展便利店业务，即使被认为操之过急，也要先行动起来，并且要不断地行动。通过自己的行动来带动周围，形成旋涡，这就是全家目前正在做的事。

在经济高速增长的时代，如果要表达出综合商社的工作内容和贸易人的形象，描述的地点一般会是国外，描述的主角通常是为了获取资源而在偏远地区辛苦工作的贸易人，或者是远赴南美和非洲，在单人办公室里兜售日本商品的男人。然而，现在贸易人的主要业务领域除了资源和海外分店，还有老百姓常驻足的便利店。

伊藤忠

第十二章

向 IT 事业的飞跃

伊藤忠的IT 事业

1995 年 11 月，Windows95 正式发售。那一年，日本个人电脑的出货量首次超过了 500 万台，2000 年突破了 1000 万台，2010 年以后每年达到了 1500 万台，2020 年居家办公的人数有所增加，当年的出货量为 1591 万台，创下了历史新高。

Windows95 是一个支持互联网的操作系统（OS）。然而，即使将装有 Windows95 初始软件包的光盘驱动器安装在个人电脑上，也无法接入互联网。这是因为网络浏览器 Internet Explorer 并没有与操作系统捆绑在一起，而是包含在一个收费的附加软件包中。

虽然将 1995 年称为互联网元年，但那一年能用个人电脑上网的人并不多。同年，伊藤忠开设了公司的网站，公司内部也开始用邮件进行交流。

伊藤忠于 1997 年公布的公司新中期经营计划中列举了 4 个重点业务领域。排在首位的是“信息、通信、多媒体”，其余 3 个是“资源开发”“金融服务”和“零售”。

如果将伊藤忠从 20 世纪 90 年代中期开始的 IT、便利店业务和公司的发展历程重叠来看，其轨迹如下。

· 1997 年，伊藤忠宣布将在随后的 2 年内处理约 2000 亿日元的非常损失。

· 1997 年、1998 年，招募提前退休人员。

· 1998 年，投资全家。丹羽宇一郎就任社长。

· 1999 年 10 月，社长丹羽宇一郎宣布决定处理总额达 3950 亿日元的非常损失。

· 1999 年 12 月，伊藤忠投资的 CTC（ITOCHU Techno-Science，现为 ITOCHU Techno-Solutions）上市。托该公司上市的福，仅仅在截至 2000 年 3 月的过去一个财政年度中，伊藤忠通过出售股票获利 1606 亿日元。

· 2000 年，信息产业部部长小林荣三成为负责互联网相关业务投资的跨部门组织——“网络之森”的经营者，并向全公司征集商业计划。

1997 年至 1999 年是伊藤忠战后最困难的时期。然而，伊藤忠并没有就此畏缩不前。

丹羽宇一郎投资了全家。下一任社长小林荣三则是从 20 世纪 90 年代之初就开始涉足 IT 行业。CTC 为陷入困境的伊藤忠带来了可观的利润，而小林荣三就是 CTC 里的关键人物之一。

小林出生于福井县三方上中郡若狭町（原远敷郡上中町），毕业于若狭县县立高中和大阪大学基础工学部物性物理工学科。进入伊藤忠是工学部时代的恩师给他的建议。说来也巧，他恩师的教授正好是创始人伊藤忠兵卫家族里的一员，种种缘由之下小林选择了伊藤忠。入职后，他被分配到电子机械设备部，从事电子、信息相关领域的工作。

1986 年至 1994 年，他被派驻到美国加利福尼亚州尔湾市。尔湾被称为全美最安全的城市和第二个硅谷，加州大学尔湾分校就坐落于此，半导体巨头西部数据和博通公司的总部也设在此处。小林最初在尔湾的工作重点是开发和销售商用打印机。小林说："我们经营的是像印刷机一样的大型打印机，不是计算机终端打印机，而是每台售价 2 万至 3 万美元的商用高速打印机。当然，仅靠打印机是无法工作的，必须将其与电脑连接。连接需要接口设备、通信设备等，从开发这些设备开始，我们便迈进了互联网连接等 ICT（信息通信技术）的业务领域。"

小林在美期间，美国的个人电脑及其周边业务正在蓬勃发展。苹果公司已经推出了 Macintosh 个人电脑，微软则通过电子表格等商业软件占据了市场。之后，互联网也进入了全面普及期。而当时日本的互联网接入服务及其相关业务也并不落后。

日本企业中最早成为互联网服务提供商（ISP）的 Internet Initiative（IIJ）于 1992 年开始为互联网接入提供服务。NTT 于 1996 年开始发展旗下互联网服务提供商"OCN"业务。而在一年之后，服务器和网络设备等产品才开始为人们所了解并且逐渐畅销。

可以说，1994 年回国的小林开始销售打印机和网络设备的时间还是相对太早了。因此，当小林向伊藤忠的高层谈到互联网和操作系统时，没有人听得懂。当小林向高层说明要把在美国见识到的产品和服务带到日本时，所有人都露出了惊讶的表情。这也难怪，当时在日本能够准确了解互联网及其商业前景的人寥寥无几。NTT 会长泽田纯所著的《次协调的世界》（NTT 出版）中有以下记述："平成四年（1992 年）7 月 8 日。当时，NTT 总部位于东京日比谷大道，毗邻鹿鸣馆旧址。这一天，在总公司 4 楼的一间会议室里，NTT 的高管们第一次接触到了互联网。讲解人是公文俊平教授、吉村伸先生、会津泉先生等国际大学全球交流中心（GLOCOM）的成员，他们都是这一领域的顶尖专家。然而，NTT 高管们的反应却不尽如人意。"

在 Windows95 出现之前，即使是身为信息和通信专业人士的 NTT 高管们也无法理解互联网。在 1994 年听取小林汇报的伊藤忠高层们自然也不会理解。然而，小林是幸运的。虽然伊藤忠的高层们对互联网一无所知，但他们仍然允许小林继续他的工作。结果，这一决定使伊藤忠迎来了巨大的发展。

1995 年，小林选择集团内的 CTC（当时的 ITOCHU Techno-Science）作为信息通信业务中的合作伙伴。伊藤忠自有的信息通信团队和 CTC 开始全面开展系统集成商的业务，即承包从网络设备连接服务、应用开发到维护管理的所有业务。CTC 成立于 1979 年，当时是一家电子技术公司，1986 年更名为 ITOCHU Techno-Science，1989 年与 ITOCHU Data Systems 合并，并开始将 IT 和信息通信作为其主要业务。

小林认为互联网业务最重要的不是设备开发，而是为客户提供服务。制造商只要交付了商品，工作就结束了，而系统集成商的收益则来自对已经开发和交付了的产品进行售后和运营。他深知这一点，并认为这是商人理所当然要做的事。小林所做的是开拓一个“以售后服务为重点的系统集成商”的新市场，这是一种有别于以往系统集成商的服务。

在此之前，系统集成商通常只使用一个制造商以及关联制造商的设备来构建系统。如果系统使用的是 IBM 的主计算机，那么连接设备只能是 IBM 或关联制造商的产品。然而，小林却会根据客户的具体情况，使用不同公司的信息通信设备来构建系统。例如，如果新兴公司有开发出优秀的设备，他就会将其引进并集成到系统中，同时负责它的售后服务。

小林说：“对顾客来说，最重要的是咨询，还有就是提供售后服务。”“我们向美国寻求技术和商品，并且从美国多家不同的公司引进了这些技术和产品。当时，我想我们至少和 100 家企业有过合作。当开始有顾客和我们说‘听说有这样的新产品，去找一下在哪里可以买到’时，我们就会去以色列、英国、法国等地寻找设备，扩大我们的产品线。”

竞争加剧也无妨

自 1992 年进入伊藤忠以来，堀内真人就一直奔走在IT、信息产业的最前线。他记得刚进公司的头两年，还在用传真和电传工作，1994 年开始使用公司内部邮件，到1995 年时，公司就完全改用内部邮件来办公了。

堀内说："自 1994 年调到 CTC 后，我一直从事计算机和通信相关的业务，当时伊藤忠的信息通信领域有两支队伍，一支队伍销售商用打印机，另一支队伍销售计算机。然而打印机和电脑的销量都在下降，就在一筹莫展的时候，我们开始销售太阳微系统公司（Sun Microsystems）的服务器和思科系统公司（Cisco Systems）的路由器。从那时起，系统集成商这一业务兴起了。"从堀内的话里，我们可以感受到伊藤忠在转换产品方面的灵活性。

伊藤忠从销售打印机和电脑转向销售服务器和路由器。之后伊藤忠把 CTC 发展成为以客户需求为导向的系统集成商，并将其上市，用时不到 10 年。这就是 IT 世界特有的速度。伊藤忠和 CTC 在注重速度的世界中也加快了自己的步伐。

堀内继续说："CTC 所经营的太阳微系统公司的服务器产品，在 1990 年一跃成为美国互联网的主角。在此之前，互联网一直是大学实验室使用的实验性产品，但现在情况发生了巨大改变。太阳微系统公司的服务器之所以能够名列榜首，也许是因为它与互联网的匹配度最高。而且，他们采用了开放式架构战略，会对外公布全部或部分设计、标准等。因此，它一直在不断地进步。"

伊藤忠虽然成为太阳微系统公司服务器的总代理，但它无意垄断市场。如果伊藤忠实行垄断，那么在日本每卖出一台太阳微系统公司的服务器，就可以收取一次手续费。实际上，通信设备的普及是最重要的。即使收取手续费，如果只卖出几台，服务器的使用费也不会增加。开放，也就是普及是很重要的。即使初期利润微薄，但如果全世界大多数人使用太阳微系统公司的服务器，就可以为后续业务奠定用户基础。在这一点上，伊藤忠和 CTC 联手做的决策很高明。伊藤忠和 CTC 采用开放式架构战略进行销售，以此推动 CTC 成为全球第一大太阳微系统公司的分销商。

堀内强调的另一个要点是"增加同行的数量"。"竞争对手变多也没关系。重要的是，你要领先竞争对手半步或一步。只要能做到这一点，就能占据一大片市场。在我看来，这就是这个行业的独特之处。"堀内着重强调了"市场导向"的重要性。

CTC始终坚持市场导向策略。CTC不是制造商，因此没有自己的开发部门。我们需要先了解客户的需求，然后从世界各地引进最合适的硬件和软件来进行组装。这就是集成。

原本，通信设备、IT设备行业是以产品导向为原则的。也就是要把最先进的技术和最新的产品卖给顾客。产品导向是IT行业典型的商业模式。而CTC改变了这个情况。

当时的上司经常对我说，要走在顾客后面半步。这不意味着要向客户推荐“这是最新的”，而是去询问顾客想要的产品是什么。将其找到后要询问客户：“您觉得这个怎么样？”去获得客户的认可。我认为CTC为顾客找到心仪产品的能力在日本乃至世界都是一流的。与太阳微系统公司和思科系统公司的合作都是由此开始的。这并不是“把自己的产品卖出去”的产品导向思维。

对于制造商出身的系统集成商来说，他们别无选择，只能使用本公司的系列硬件和软件。虽然这些软硬件之间可能兼容得比较好，但是否完全符合客户的要求就不得而知了。

另外，CTC的销售人员会带来客户想要的东西。如小林所言，他们会从美国、法国、以色列等国家找来硬件和软件。

从寻找产品到销售，再到运营、维护管理，与客户共同参与升级软件。如果把这个流程图从IT设备换成日常消费品和服务的话，就近似于伊藤忠和全家的关系。伊藤忠会根据店铺的要求来寻找商品，不拘泥于出处。便当和熟食、菜肴等都是和全家合作开发的。商社员工的工作已经不能以贸易、商业投资等业务类别来划分了。如果要划分的话，应该可以分为产品导向和市场导向。也就是说，是销售自己开发的商品，还是挖掘或开发客户想要的东西。二者选其一并不是正确答案。不过，如果一家综合商社想要发展壮大，我更倾向于把重心放在市场导向上。伊藤忠从便利店和系统集成商时代起，就已经在新事业上步入了市场导向的轨道。

在IT业务领域，了解“客户需求”非常重要，但要做到却并非易事。那么应该怎么做呢？堀内认为，这可以归结为“与客户对话”。“这就要求我们始终与客户站在同一个立场，始终贴近客户的业务。不是作为开发方，而是要像‘自己人’一样设身处地地感受客户真正的需求和困扰。我认为必须把这种态度贯彻始终。”

前面提到的《次协调的世界》介绍了系统开发的两种方法。伊藤忠这样的市场导向型企业属于这两种方法中的敏捷开发。这两种系统开发的方法分别是敏捷开发和瀑布式开发，这两者的含义如下。

敏捷开发中的敏捷是指迅敏。顾名思义，它是一种能够快速开发系统的开发方法。对想要创建的系统有大致确定的蓝图后，就可以通过重复进行“计划、设计、实施、迭代测试”的步骤，迅速完成开发。系统发布后，可以根据用户和客户的反馈对系统进行反复改进。

瀑布式开发则是一种系统和软件的开发方法。程序要逐一检查，每个流程都要严格管理，确保没有漏洞。开发负责人、责任人和客户要共同确认每个流程的交付成果，只有在双方都同意的情况下，这个流程才算完成。如果上一个流程有问题，就不能进入下一个流程，一旦进入下一个流程，就无法返回上一个流程。(摘自《次协调的世界》)

该书中有一段计算机架构师坂村健和NTT社长泽田纯的对话。其中，坂村健对于这两种开发方法进行了总结：“瀑布式开发和敏捷开发各有特点，两者都有优缺点。但如果要在不太了解标准的情况下快速开发一个系统，最好先尝试敏捷开发。从信息通信技术日新月异的现状来看，我认为无论如何都应该先采取敏捷的方式来迎接挑战。”

然而，尽管坂村这么说，仍在进行瀑布式开发的大企业并不在少数。另外，正在与美国、欧洲各国、新加坡等地一起进行数字化转型的国家则采用重视机敏和速度的敏捷开发。这样的国内环境对伊藤忠来说也是商机。

堀内解释说：“现在敏捷开发已成为主流。这样一来，我认为伊藤忠的优势就能再次发挥出来。从一开始就根据客户要求进行瀑布式开发，这意味着要让客户适应我们自己的开发标准。这就又绕回到‘产品导向’的思维了。我们进行敏捷开发，并在与客户共同构建系统的过程中逐步补充内容。从现场与客户的沟通中其实可以学到很多东西。‘我们公司还没有用过，不知道太阳微系统公司的新版本怎么样？’由此可见，客户掌握的资讯甚至比我们的还要前沿。‘十分抱歉，我不知道。我马上就去了解。’对客户的需求要积极回应，所谓贴近客户，就是如此。”

伊藤忠和 CTC 之所以能够在 ICT（信息通信技术）领域取得成果，也许是因为他们从一开始就注重速度而进行了敏捷开发。在工作中，堀内一直很尊敬小林荣三和曾任 CTC 社长的佐武广夫。堀内说："佐武先生经常说‘CTC 的战略是倒金字塔’，普通公司的组织图大概是这样画的：社长在最上面，然后是董事、部长、系统工程师、技术负责人，顾客在最下面。佐武先生把普通的组织图倒了过来，说‘CTC 是这样的’。顾客是最伟大的，其次是服务顾客的一线系统工程师和营业员，下面是管理人员，最低层是社长，也就是我。”

堀内第一次听到这话时，觉得这是虚伪之言，让人怀疑这不过是对顾客的花言巧语罢了。然而，在 CTC 的佐武手下工作后，他信服了。佐武没有丝毫的傲慢，无论何时，他总是以客户为中心开展工作。

有这样一则逸事。当时堀内带佐武去拜访美国芝加哥的一家制造商。当堀内把佐武介绍给了美国总裁时，总裁一边向佐武伸手一边说道："早就想跟您见一面了，佐武先生可是这个行业的名人。"美国总裁握着他的手，问道："佐武先生，能告诉我您事业成功的秘诀吗？"佐武静静地微笑："秘诀有，就三个。在生意场上，我依次看重这三样：好客户、好产品、好销售。"

美国总裁非常感激，他说："佐武，帮我把你说的用日语写下来。"佐武在彩纸上写下："最好的销售员将最好的商品卖给最好的顾客。"站在一旁的堀内发自内心地认为："CTC之所以能够取得成功，是因为它把顾客放在了第一位。"

关于IT 的风险投资

小林荣三致力于将 CTC 打造成系统集成商，与此同时，对 IT 行业的风险投资也在他的专业范围之内。毕竟，他是唯一了解信息技术、互联网及相关业务的高管。小林与漫画家弘兼宪史有过这样一段对话（摘自 PRESIDENT 杂志）：

小林："投资（在硅谷创办的）IT 领域的新兴企业与医疗制药等领域相比，判断成败的时间更短，投资金额也更小。虽然满垒本垒打不多，但打出内野安打却很容易。这对我们来说是个轻松的生意。"

弘兼："话虽如此，看清哪个企业会发展也是很关键的。"

小林："正如您所说，我们常说'有眼光'，提高成功概率的关键在于整个组织是否有眼光，或者是否拥有有眼光的人才。"（后略）

伊藤忠在美国有几十家合作公司，集团在日本已经拥有了约 5000 人的 IT 业务部门，IT 技术究竟能够为日本企业提供怎样的服务？它为我们思考了这个问题。20 世纪 90

年代后半期对伊藤忠来说是一段艰难的时期，但小林有5个提案获得了批准，得以对当地的新兴IT企业进行投资。小林又接着提出了第6个提案。于是被公司高层叫去，立下了军令状。

“小林，成功的概率是多少？你至少要给我达到20%吧？”小林回答：“是的，我的目标是0.350，和铃木一郎一样。”[1]铃木一郎的生涯打击率为0.353。结果，小林的成功概率大大超过了铃木一郎的生涯打击率。对于能够达到高层期望的原因，小林说：“因为我拥有能够做好风险投资准备和评估工作的队伍。”

“从我作为课长回到日本的第二年（1995年）开始，我每年都会派两个人去斯坦福大学攻读MBA。我送他们去学习风险投资，在他们学成归来后，我创立了伊藤忠科技风险投资公司，在那里又开始了新的投资。另一个必不可少的就是一个能够评估IT风险投资的团队，那就是CTC。拥有CTC这样有眼光的集团，是我们在风险投资方面的优势。”

当然，并非所有项目都取得了成功。有些项目投资后就没了下文，也有些项目让人觉得当时要是投资了就好了。不过，在此期间积累的经验和练就的好眼力，都在他于

[1] 铃木一郎是日本著名棒球运动员。生涯打击率是棒球运动中评量打击手成绩的重要指标，其计算方式为选手击出的安打数除以打数，打击率越高代表技巧越好。一般而言，职业选手的生涯打击率需要在0.28以上。——编者注

2000 年启动的一个征集新业务创意的项目——“网络之森”中得到了体现。

2000 年，小林担任执行董事兼信息部部长后，启动了“网络之森”项目。他给自己安了个“执行董事、信息产业部部长、网络之森守林人”的头衔，还把这个头衔印在了自己的名片上。很多与小林交换了名片的外部人士从名片上完全看不出小林做的是什么工作。

“网络之森”是面向伊藤忠全体员工征集新业务提案的项目。当时公司里的各部门部长有 30 人。伊藤忠是典型的纵向组织，如果想要开展跨部门的新业务，就必须事先向各部门进行基础汇报和书面请示，并且盖很多章。但是在“网络之森”，不管是什么样的企业战略规划，小林都能批准。只需小林盖一个章，就可以开展新业务。对于伊藤忠这样的大型企业来说，这是一个革命性的项目。

小林回忆说：“当时这样做是缘于一种危机感。”“当时出现了非常损失和提前退休的情况，在与丹羽社长讨论了我们可以做些什么来振兴整个公司之后，‘网络之森’应运而生。在这之后，丹羽在 2000 年 1 月发表社长新年致辞时，要求全体员工积极为‘网络之森’献计献策。”

只要是从电子贸易的角度出发，任何关于新业务的想法都可以提出来。3 个月后，全公司一共收到 110 份提案，包括太阳能发电、在线证券和基于 IT 的信贷风险信托业务。在新提案中，在线证券业务后来成了 Kabu.com（现为 Au

Kabucom 证券），而基于 IT 的信贷风险信托业务现在则发展成了一家名为 eGuarantee 的上市公司。

小林对结果很满意。

“有一些提案进行得很顺利，更多的是可行性不高的提案。不过，相比之下，‘网络之森’让公司更有活力。征集提案的时候，我们没有附加任何的前提。一个人的提案也好，10 个人的小组提案也好，总之，就是鼓励大家来献计献策。

盛夏之际，我在周六来到公司聆听了大家的提案。每个团队有 1 个小时的陈述时间。我听了大约 30 个案例。我从上午 9 点听到 10 点，从 10 点听到 11 点，从 11 点听到 12 点，就这样一直不停地听着。有些员工在演讲结束后并没有离开，而是热切地问我，他们是否可以听听其他团队的演讲。我当然回答‘没问题’。

但是，在演讲开始 10 分钟后，那些兴致勃勃要旁听的员工就呼呼地睡着了。看着他们熟睡的脸庞，我心想：‘啊，大家一定都熬夜准备演讲了。’当时我很开心，觉得他们做得很好。看着大家的睡眼惺忪，我坚信伊藤忠一定会成功的。”

“网络之森”并不是强制性的任务。它号召大家在私人时间总结自己的想法。小林希望消除笼罩在公司内部的闭塞感。他发自内心地希望能够提高员工的积极性，他想让员工知道，伊藤忠是一家自由的公司，在这里他们可以自由地提出建议。

商社没有工厂和设备，每个员工的心情都左右着业绩。现在不是只要领导面红耳赤地高喊“工作！工作！”员工就会行动起来的时代。领导的任务是创造好的工作环境，然后再举办能调动员工情绪的活动。虽然没有从任何人那里得到过这样的建议，但伊藤忠的历任领导丹羽、小林、冈藤都非常清楚这一点。

伊藤忠

第十三章

盈、削、防

危急关头

2010年4月，冈藤正广就任伊藤忠战后的第8任社长。他后来这样回忆当时的心情：

4月的某一天，我迈着沉重的脚步从大阪来到东京。就在不久前的2月11日，当时的小林社长告知我，我将被任命为下一任社长。在冷雨纷飞中，我将肩负起伊藤忠超过150年的历史重任，肩负起6万多名员工及其家人的生活，那种责任的重量感，我到现在还清楚地记得。在此之前，我们公司的历任社长大多来自东京总公司的经营企划部，从纺织公司任命社长已经是时隔多年的事了。当时我脚步沉重，可能是因为我来自离东京很远、规模也小的大阪公司，所以有一种出身旁系的感觉。（摘自《综合报告》）

从进入公司到成为社长，冈藤一直在大阪工作，只从事过纺织业务，既没有派驻过海外，也没有在管理部门工作过。

在业界，要想成为综合商社的社长，同时拥有海外派驻的经历和经营企划部的工作经验是理所当然的。因此，业界各公司都认为“伊藤忠出现了一位不同寻常的社长”。换句话说，冈藤在同行中并不出名。然而，他的业绩在伊藤忠公司内是出类拔萃的。伊藤忠采取分公司制，2004 年他担任纺织公司总裁后，截至 2009 年，公司连续 5 个财务年度实现了利润增长。当时的纺织行业发展缓慢，但冈藤的业绩却在持续增长。

冈藤是一名非常优秀的一线销售员，他能把男士西装面料做成品牌就是最好的证明。从 1986 年到 1998 年的 12 年间，他每年都获得了社长奖章。无论是作为经营者还是一线销售员，他都发挥了自己独一无二的出色才干。可以说，他的想法总是与他人略有不同。他是一个具有商人特质的人，比起形式更注重实质。

冈藤作为社长的第一次新年致辞是站在东京总公司的员工面前发表的。他开头说了“我是社长冈藤”后，短时间内就以“社长致辞听起来并不是什么有意思的事”为由，结束了致辞。“比起这个，我更希望大家都打起精神来，好吗？”冈藤说完，舞狮从舞台上出来，新年舞便开始了。原本以为新年致辞会很枯燥乏味的员工们都惊呆了，但直觉告诉他们，即将发生一些前所未有的事情，并且不会是坏事。

冈藤作为社长最先着手的是“削减”。他果断地减少了公司内部会议的次数和会议资料的数量。冈藤的主张是

“准备资料的时间应该用在拜访顾客上”。例如，在伊藤忠，经营会议的成员每周一会在上午 9 点半到中午 12 点多举行信息联络会。在这个会议上，全球各地的负责人（远程会议）和东京的公司总裁聚集在一起，进行汇报和讨论。由于是同一批人参加会议，因此 1 周左右的时间情况不会有太大变化。尽管如此，为了在社长面前显示自己的存在感，参加会议的成员还是会积极地发言，所以他们的下属也不得不为自己的上司寻找发言的素材。

下属不仅要停下自己手头的工作为会议成员收集发言的材料，还需要制作厚厚的资料，并用便签进行整理。一位成员为了信息联络会，一个星期没有去客户那里，把时间都用在了准备会议上。冈藤知道后，仰天长叹。“这可不行，这样下去我们公司要倒闭了。”成为社长的他，把信息联络会减少为 1 个月 1 次，彻底贯彻了“准备资料的时间应该用在拜访顾客上”的主张。

特别经营会议的时间和资料也得到了削减。公司每年 4 月都要召开一次特别经营会议来制定当年的经营方针，按照以往的惯例，要准备一本字典那么厚的 500 页资料。冈藤下达了“无论如何都要减少”的指令。之后，每年的资料页数都在一点一点地减少，现在的资料只有原来的五分之一厚。会期也从 3 天缩短到 1 天。然而，在缩短时间的同时，要设法充实内容。

在召开特别经营会议之前，要限定几个主题。董事们要事先研究主题并彼此交换意见。正式会议时要对反复讨论过的事项加以确认，并敦促会议结束后立即执行决策。也就是说，成员为了讨论而聚集在一起，在这之后要就某些事情做出决定。一旦做出决定，就要采取行动。这样的做法在公司内得到了贯彻。

新冠疫情改变了公司的日常。居家办公增多了，会议变成了远程会议，会议本身也变得越来越少。然而，伊藤忠从新冠疫情发生的前 10 年开始，会议次数和文件数量就有所减少了。冈藤是这样说的："我以前就讨厌加班，也很讨厌会议和文件。我之前对上级有质疑的点，在我成为领导后必须对其做出改变。"

如果不是自家公司的继承人，那么一般人从进入公司到成为社长至少需要 30 年。在此期间，无论是谁都应该会有觉得"我们公司领导做事好奇葩"的时候吧。会议和文件很多，上司没走下属也不能回家，加班变成了常态……这些都是日本公司里的家常便饭。只要是一线员工或中层管理人员，内心对这样的惯例都是抗拒的，都会产生应该改变，且必须改变这种状况的想法。然而，当这些人成为部长、董事、社长时，早已被公司内的风气感染，不再认为奇怪的惯例是奇怪的。这就是所谓的习惯成自然。

冈藤是一个即使当上了社长也没有适应这些公司惯例的男人，所以，他能够扫除坏风气。从另一个角度看，他可能也没想到自己能长期担任社长。既然做不长，那就必须改变短时间内能改变的事情。在不做任何试运营的情况下，他从一开始就踩下了油门，以最快的速度变革了公司。伊藤忠和员工有所改变，是因为社长打破了一个又一个惯例。成为社长后的冈藤改善了工作环境，修改了公司的内部制度。

2012 年，为了回报前一年创下的历史最高收益，公司向员工发放了特别奖金，同时废除了弹性工作制（后于 2022 年 5 月恢复为“早班通勤制”的升级版“早班弹性工作制”）。第二年（2013 年）导入了早班通勤制度。原则上禁止晚上 8 点以后工作，也就是禁止加班，但如果员工在早上 5 点到 9 点上班，公司就会按照通常工作 1 小时的 1.5 倍支付加班费。公司还开始免费提供早餐。而且无论公司内外，伊藤忠员工为聚餐制定了行为准则：只聚 1 场，最晚不能超过晚上 10 点。这就是所谓“110 运动”。

2017 年，伊藤忠开始推行“无西装日”，鼓励员工着休闲装上班。最初只在周五实行，现在已延长到了每周二至周五。只有周一才穿西装。有时即使客户穿着西装来总公司，冈藤也会穿着牛仔裤接待。无论刚开始的舆论如何，随着时代的发展，现在社会对脱掉西装已经没有异议了。

如果接任社长一职的人要宣扬即将实行的新措施，他要做的第一件事就是制订销售计划，然后鼓励大家提高业绩。按照惯例，他会宣布正在开发的产品，或者宣布公司将进军新兴国家。然而，冈藤并没有说“让销售额翻番”“去找新产品”，而是从“减少会议次数和资料数量”“早上早点来”“不要喝太晚”等不起眼的公司内部改革开始，把提高员工的工作积极性放在了最优先的位置。

接下来实行的措施也与提高员工的工作积极性有关。冈藤对薪酬制度进行了改革，提高了员工工资。在此之前，伊藤忠的薪酬制度一直以“个人成果”和所属“组织一年的业绩”为基础。然而，冈藤仔细分析后发现，比起个人的成果，组织的业绩所占比重更大。

例如，在资源能源领域，工资不是根据个人的努力，而是由资源价格的变动来决定的。就资源能源领域而言，一个组织的业绩不一定是这一年的结果。这是因为前辈们过去在气田的投资会在某一年的业绩中一下子反映出来。这种情况是普遍存在的。

“过分看重组织业绩的考核是不公平的”，冈藤这样想。不光要让部门业绩好的员工有干劲儿，还要让全体员工每天都心情愉快地工作。经过缜密的调研，他对人事制度、工资制度重新进行了规定。

那么，不知道读者有没有注意到一件事，那就是“110运动”“无西装日”“盈、削、防”等名字。这些让人感兴趣的名字都是冈藤想出来的。如果让负责企业战略规划的员工来想名字，恐怕想出来的会是死板的语言或洋文，但是这样的语言是无法渗透人心的，因为人们会觉得死板的措辞和洋文是一种居高临下的信息。

冈藤了解这一点，因此取了独特的名字。他的真本领在于沟通。他不使用那些板正的商务用语，而是使用那些能让听到的人觉得“咦”的词语。这是因为他想把这些信息有效地传达给全体员工，而且，如果他使用诸如“110运动”之类的词，媒体也会发出“咦”的疑问然后前来采访。他甚至连宣传效果都考虑到了。

正因为这些名字与公司用语相去甚远，所以它们才有可能成为报道的标题。如果社长的采访成为新闻报道，比起其他人，员工会更愿意阅读。冈藤很清楚，光靠公司内部通知这些信息是无法到达员工内心深处的，而且报纸、杂志的采访与宣传不同，不需要为它们支付广告费。为了不花钱就让人了解到伊藤忠的优点，冈藤绞尽脑汁想出了这些让人印象深刻的词句。

盈利、削减、防范

伊藤忠将其所追求的为商之道用“盈、削、防”（日文为“か・け・ふ”，其发音用字母表示是 Ka-ke-fu）这样独特的标语表现了出来。这也是冈藤正广的想法。伊藤忠的副社长兼 CFO 钵村刚第一次听说这个标语的时候，很是疑惑：“盈、削、防？难道是指曾经在阪神棒球队效力的挂布（日语发音同为 Ka-ke-fu）选手吗？”钵村说：“冈藤先生，你想到了好多标语呀。‘盈、削、防’就是其中之一。不过我刚开始听到的时候，第一反应就是这标语译不成英语。我作为 CFO，难免要向海外投资者对这个标语加以说明，‘盈、削、防’解释起来可真费劲啊。但我仔细想了想，发现其实没必要将其直译出来，而且习惯了之后，就会发现这是一个非常有趣的词。我们公司的管理恰恰就是这三点：盈利、削减、防范。”

正如钵村所说，冈藤的管理就是切实执行了这三点。冈藤虽然有时也被称为奇才、非正统的经营者，但他并不是靠奇招来提高业绩的，而是从细小工作中不断积累，将稳健的管理方式贯彻到底。

关于“盈利”，冈藤说：“就是稳步向前，循序渐进。”“我们从关西系的纺织公司开始，后来进军东京，致力于推进业务综合化。虽然我们也进入了重工业的领域，但它的壁垒很高。电力公司等客户都依附于财阀系的综合商社，因为可以从他们那里得到长期购买石油和液化天然气的合同，以此为担保进行开发。就伊藤忠而言，当我们与重工业的客户接触时，对方只会问‘这生意，纺织公司能做得了吗’，根本没有把我们放在眼里。我们觉得这样不行，于是冒着风险自己尝试，结果投资后业务便每况愈下的东亚石油让我们遭受了巨大损失，我们在房地产等大型投资上也损失惨重。”

“在纺织品业务的库存管理中，布匹的长度计算精确到1厘米，成本计算精确到几日元，我们会因为10日元或100日元与客户反复地讨价还价。就是要这样踏踏实实地做买卖并不断积累才能够盈利。虽然‘综合商社’这个词乍一看很高大上，但我们是‘商人’，应该全身心地投入买卖中，始终谦虚地低下头，始终从客户的角度出发，不断在业务上下功夫，多钻研。高高在上是做不成生意的。”

对于“盈利”，冈藤决定发挥伊藤忠的强项来一较高下。既然是综合商社，资源、能源业务就不能不做。但与其在这些领域大动干戈，不如在其他公司不怎么重视的纺织、食品等生活消费相关领域展开竞争。他之所以把全家设为非公开经营，并把纺织公司时期的心腹部下细见研介派过来，大概也是因为他认为便利店是最能发挥伊藤忠优势的领域。

为了盈利，他还在事前的筹划、准备上花了很多时间。在2015年，伊藤忠约有300名会说中文的人才，冈藤启动了将这类人才增加到1000名的项目。那一年，伊藤忠与泰国财阀正大集团（CP）共同认购了中国最大的国有综合企业中信股份（CITIC Limited）20%的股份。投资总额约为11.2万亿日元，其中伊藤忠投资了6000亿日元。这是一笔巨大的商业投资，为了让投入的资金充分发挥作用，他决定必须增加公司里会说中文的人才。

两年后的2017年，伊藤忠里会讲中文的人数已经突破了1000人。仔细想想，两年的语言学习是有回报的。如今，伊藤忠的综合职位中有三分之一以上的员工（1255人）会说中文。精心的筹划和准备为伊藤忠在新兴国家开展业务提供了支持。

为了扩大盈利，冈藤改变了投资标准。在此之前，伊藤忠不分部门，整个公司都是统一的投资标准。因为投资的标准金额是按照利润的一定百分比来决定的，所以盈利较大的领域，例如粮食等利润丰厚的部门就可以进行大额投资，但机械等利润微薄的部门在寻求投资时，却常常得不到批准。冈藤认为对于利润丰厚的领域，要设置较高的门槛，让申请的部门思考出附加价值更高、难度更大的商业模式后再批准投资。对于利润微薄的领域，要设置较低的门槛，使申请的部门能更容易地使用资金。这样，哪怕是一个小业务，只要成功了，就会给他们带来信心。冈藤取消了全公司统一这种看似公平的标准，这样就可以根据各领域的实际情况来进行投资。

这么做的关键在于任何公司都可以在利润丰厚的领域投入大量资金开展新工作，但对于利润微薄的领域则会出于顾虑而不轻易进行投资。这样一来，薄弱环节就永远无法变强。冈藤下定决心必须改变这一点。

此外，冈藤不仅关注自己的公司，对集团公司也很关注。他整顿了连续亏损的公司，使盈利的公司数量得以增加，虽然这些公司盈利不多。他会亲自到集团公司查看实际情况。2016 年，他走访了几家公司，其中一家是生产聚乙烯垃圾袋的日本 Sanipak 公司。该公司的产品并不是高利润产品，但员工们都在努力工作。他们把精力集中在盈利上，还通过不坐电梯、爬楼梯上下楼的方式来节省电费。在削减成本的同时，公司还尽可能以低廉的价格提供优质产品。可以说，该公司很好地体现了“盈、削、防”的理念。就这样，日本 Sanipak 创下了该财务年度的最高利润纪录。

与其他综合商社相比，伊藤忠集团公司的盈利比例非常高。盈利超过数百亿日元的运营公司数量虽然不多，但盈利数十亿日元的公司数量的增加为伊藤忠的合并利润做出了贡献。

伊藤忠对“盈、削、防”的解释是：“盈利”是商人的本能，“削减”是商人的基本，“防范”是商人的核心。谁都知道“盈利”，就是做生意赚钱的意思。那么，“削减”和“防范”是什么意思呢？“削减”和“防范”有何不同呢？之前提到的钵村是这样解释两者的区别的：“‘削减’指的是避免浪费，而‘防范’指的是每天要对工作进行检查，要确保公司即使出现意外情况也能及时应对。相比‘削减’，我们更注重‘防范’。”

“削减”不仅是削减成本，还包括减少时间和工作上的浪费。商社经常需要出差和聚餐来会见供应商。公司没有一味减少这些不必要的开支，而是把所有不必要的事情都取消了。没想到的是，由于新冠疫情，海外出差和国内出差的次数急剧减少了。

此外，很久以前商社都还得意于其海外分支机构的数量。然而，也只有在工作量增加的国家，分支机构的数量才会增加，若是在工作量没有增加的国家，分支机构则会被关闭。

在巴黎等欧洲旅游胜地的分支机构中，外派人员曾经的任务是招待来自日本的业务伙伴。然而，在新冠疫情发生之前，去海外旅行的相关业务伙伴就已经不再前往商社的办事处了。他们在旅游地想要品尝美味佳肴时，过去都是让商社或航空公司的人帮忙预约，或者请人陪同。但现在只要有手机软件，就能知道餐厅的位置，还能翻译菜单。酒店和博物馆也可以在手机上预约。如今不只是伊藤忠，所有的综合商社都在减少海外分支机构的数量。

在进行“削减”时，不应忽视的是隐性成本。钵村指出：“如果你观察集团的运营公司，就会发现有的公司拥有过多的库存，有的公司应客户的要求延长了付款期限。这些都是隐性成本、隐藏成本和额外成本。我会确认这些成本在多大范围内是可以接受的。除此之外，还有时间。我会找出那些浪费时间的事情，并将其削减。比如我房间里的会议区里有桌子却没有椅子。汇报工作时站着，开会也是站着开。仅此一点，就避免了不必要的会议。减少会议资料的数量也有助于避免浪费时间。我们的会议已经不再需要准备厚厚的资料了。”

伊藤忠彻底地削减了不必要的事情和花费。

防范的理由

伊藤忠提出的经商三原则——“盈(盈利)、削(削减)、防(防范)”中，“防范”所涉及的工作范围比“削减”更广。伊藤忠约有270家关联公司，冈藤正广和CFO钵村刚要把所有公司的名称和各社长的名字都记住，主要业务的概要也要记在脑子里。钵村的下属要么被调到子公司，要么经常前往子公司，目的在于帮助子公司实现盈利。

需要检查的地方不仅限于人工费和经费，还包括确认库存和利息负担。这应该是所有综合商社都会做的事情，但伊藤忠采取的方法更为细致。它的优势在于有“防范”意识。

因为平时就掌握了各公司的状况，所以即使有突发状况也能够迅速应对。“防范”指的是定期收集信息，并在关键时刻迅速做出反应。

钵村对“防范”做了总结：“‘防范’是指避免意外事件的发生，虽然叫承诺经营，但我们始终要把数据掌握在手中。所谓意外事件，是指发生‘预想不到的损失’的情况，我们必须确保整个公司，包括所有相关公司，都知道该怎么做才能防止这种情况发生。销售人员是否每天都认真观察客户的表情？是否掌握了顾客的状况？去工厂的时候，看库存了吗？去商店的时候，是否了解了最畅销的商品是什么……如果我们能够仔细观察，就不会发生业绩突然下滑的情况。”

虽然无法完全避免灾害或军事进攻，但我们可以提前做好准备，以便在事态发生急剧变化时减少损失。所谓“防范”，就是一边预想最坏的情况，一边做好准备，日复一日地工作。如果咨询顾问的工作是分析业绩不好的公司结构，将其改造成健全的公司，那么伊藤忠的员工则是在做这些工作的同时，还要为应对突发情况做好准备。如果管理层不激发出员工的“防范”意识，他们可能很难自发地去行动。

“防范”意识是从冈藤提出“盈、削、防”时开始受到关注的。在伊藤忠参与东亚石油公司的经营而遭受巨额损失的时候，以及伊藤忠在房地产泡沫时期投资房地产的时候，可以说并不存在“防范”意识。钵村对此表示同意，并说：“不过，东亚石油和房地产泡沫给我们上了一课。”

“‘防范’包括避免将资源集中在某些行业上。我们在考虑资产组合的同时，会把它控制在该领域相应的水平上。对于波动性大的产品，我们会设定风险敞口（金融资产中暴露于市场价格波动风险的金额或比例）上限。伊藤忠之前吃过不少苦头。东亚石油、土地、特定金钱信托、基金信托……深陷那样的事情而无法挽回的经历也成了‘防范’意识里的一部分。在经历了重大损失后，我认为我们再也没有遭受过之前那样大的打击，而是稳健地发展着。”

“防范”可以说是冈藤式管理的最大特色。从语感上来看，“防范”似乎是一种防御性的消极管理措施，但只有管理高手才能做到未雨绸缪和及时收手。本田的创始人本田宗一郎在谈到收手时机的重要性时曾说道：“高手不是出手快，而是收手快。收手的速度比出手的速度更重要。否则就无法为下一步做好准备。”

开展新事业，进行投资，这些经营者都可以做到。然而，真正考验经营者能力的是他们在经营出现问题时该如何摆脱困境。如果在陷入困境时才不得不做出改变，那就太迟了。一定要预想未来的情况，先人一步，才能及时抽身。

伊藤忠之所以能成为顶级综合商社，并不是因为它积极拓展业务，而是因为它善于防范。冈藤先提高了员工的积极性，减少会议次数和资料数量，加快了决策速度，削减了不必要的工作。比起其他公司努力往里挤的成长型市场赛道，他选择了一条能够凭借自身优势参与竞争的赛道，而且比起开发新商品，他更注重开拓新市场。所有这些都是简单的管理决策，其他公司的经营者也可以做出。没有一个董事会强烈反对减少会议次数和资料数量。如果是普通的经营者，别说减少会议，恐怕就连把开会用的资料变薄都做不到。

濑岛龙三在业务部的时候，伊藤忠把董事会的作用规定为“尊重社长判断的组织”。在伊藤忠，即使所有董事会成员都不同意，社长决定要做的事情也会得到通过。而冈藤一上任就削减了会议次数和资料数量。他不顾旁人的脸色，从他认为可行的地方入手，开始了一项又一项的改革。这一点非常重要。权力在掌握到的那一刻最为强大。与上任了一年的社长相比，新社长的意见更容易被听取。

对于社长刚上任就提出的计划，人们往往会说：“挺好的，这是社长的第一个计划，就让他做吧。”就算有人不同意，也很难大声地反对。在专务和干部这么想的时候，就要果断地实行计划，这是他在懂得了权力的价值之后做出的判断。冈藤之所以能改变伊藤忠，是因为他一上任就开足了马力。冈藤的管理是为了员工人数不占优势的伊藤忠能够战胜排名靠前的综合商社所做的努力。这是唯一的方法，这也是伊藤忠在面向悬崖的窄路上一步一步行走的结果。

伊藤忠

第十四章

应有之姿与理想之姿

决定施行脱碳化经营的故事

冈藤正广“反复强调直至渗透”的是市场导向的思维方式，与产品导向完全相反，强调主动挖掘消费者需求，从而提供相应产品。以“切身感受到的环保意识”为出发点的一系列项目，体现了冈藤提出的市场导向的标志性特点。

2018 年，冈藤前往欧洲出差，抵达米兰的一家酒店后，想要刷牙时却发现洗漱用品中没有提供牙刷。对于一家高级酒店没有提供牙刷的情况，他感到十分诧异，遂致电前台询问，得到的回答却是：“出于环保考虑，只向有需求的客人提供。”2018 年，欧洲的高级酒店便已有了高度的环保意识。冈藤难为情地拿了牙刷，观看房间电视时，又突然了解到“星巴克停用塑料吸管，转用纸吸管代替”的新闻。

“现在必须得行动了。”冈藤深感实施环保措施的必要性。早在出差欧洲前，他便通过各种方式向社会宣传脱碳化社会。但他更注重实地感受、现实体验，即关注切身感受。冈藤在随后的经营计划中提出了向脱碳化社会迈进的战略，在停止新的普通煤炭矿业开发的同时，将南美哥伦比亚的德拉蒙德公司的煤炭权益售出。在出售煤炭权益后，他列出了脱碳化社会的三个“商机”：蓄电池相关业务、人造肉以及纤维素纤维。其中，纤维素纤维和大豆蛋白肉是新推出的商品，也是开拓全新市场的产品。此外，伊藤忠是唯一在综合贸易公司中从事废弃物（即垃圾）发电业务的公司。这在未来将会成为一个“营收”项目。这一项目未被囊括在上述三个领域中。

首先，伊藤忠是综合贸易公司中唯一将纺织部门保留为内部部门的公司。其他公司则是将其独立，并成立专门的纺织贸易公司。纺织原料部门科长下田祥朗低声说：“纺织业是以环境为代价成长起来的产业。”“在世界众多产业中，如果说给环境产生负荷最大的是石油化学工业，那么第二大就是纺织业。这一点我们时刻挂念在心。要打造脱碳、可持续的社会，必须改善纺织原料。”

伊藤忠商事于2018年宣布与芬兰Metsa Fibre公司共建环保型纤维素纤维工厂，随后又在2019年与美国的莱卡公司合作，共同开发环保型材料。

“环保型”这个词有两方面含义。一方面在于制成的纤维素纤维（品牌名“Kuura”）相较于传统产品，木材的使用率更高。对于同为纤维素纤维的人造丝，每根木材只能为其提供30%至40%的原料。而“Kuura”则充分利用、使用木材的50%以上。此外，制成“Kuura”后的余料也可以用于其他地方，几乎不存在浪费。不会浪费木材这一方面，体现了其环保的属性。另一方面在于工厂本身及其设备。伊藤忠纺织原料部的高梨圭司在参观位于芬兰的 Metsa Fibre 公司的工厂后，感叹道："第一眼我就被深深地震撼了。"

"这座媲美宇宙飞船的现代化工厂里有着几十位工人，高效且节省人工费的新时代工厂设备在我们眼前展开。更令人感到惊讶的是，工厂的供电全部来自可再生能源。他们从树液中提取，精炼出生物燃料，用来自己发电。也就是说，如此大的工厂和设备完全依靠木材的树液燃料来运转。"

制造过程同样十分环保。纤维素纤维包括人造丝、天丝、铜铵纤维等种类。其原料都是木材，或是附着在棉花种子表面，被称为棉籽绒的一种短纤维。如果要制造人造丝，就需要将木材纤维放入二硫化碳溶剂中溶解。而作为溶剂的二硫化碳是一种剧毒物质，经皮肤吸收后，会导致各种问题。而"Kuura"在制造过程中所使用的溶剂并非二硫化碳，对人体无害，十分环保。并且溶剂不会被倾倒，而是全部回收并循环利用。他们在制造纤维素纤维时甚至考虑到了溶剂的回收处理。此外，产品的开发是与纺织部门长期合作的海外全球奢侈品牌等一同进行的。就算是对于全球奢侈品牌而言，"Kuura"也是一种不可或缺的材料。

伊藤忠商事的纺织部门从 20 世纪 90 年代便开始涉足环保型材料的生产。他们支援在印度种植棉花的农民采用有机农法，并购买了进行无农药栽培后3年内的棉花，将其称为“有机转换棉”（过渡到无农药栽培后，获得有机棉认证需要3年）。2019年，他们开始销售“RENU”纤维（再生涤纶）。“RENU”以涤纶的旧衣物及服装废弃面料等作为原料。由此制作出的“RENU”还成了H&M“Conscious Exclusive”系列以及ADASTRIA旗下“Global Work”品牌产品的原料。

以上都只能算是新产品的销售业务。然而，从2022年春天开始，他们还开展了纺织品和服装的再利用和循环利用业务。这项名为“Wear to Fashion”的纺织品回收服务面向全国企业和地方自治体。这是同总部位于鹿儿岛的ECOMMIT公司的合作项目，并非由伊藤忠商事独立开展。ECOMMIT每年回收、再循环1.2万吨废料，其中一半是纺织品。

仅靠向制造商投资并推出新产品已经无法在商业领域继续生存。要成为优秀的商人，必须审时度势并快速做出应对、开拓新市场。

人造肉业务的潜力

山田惠公是伊藤忠商事食品部门的员工，被调往集团内的食品材料制造商——不二制油后，于PBFS（Plant-Based Food Solutions）事业部门任职。他负责植物来源食品的开发，包括大豆蛋白素肉等。不二制油涉及以下四个业务领域，分别是植物性油脂、业务用巧克力、乳化及发酵材料和大豆加工材料。从销售额和营业利润来看，植物性油脂和业务用巧克力占据了70%的比例，乳化及发酵材料与大豆加工材料则占30%。山田被派驻到该公司是因为他在伊藤忠商事的食品部门积累了大豆原料交易等方面经验。

要了解PBFS事业，首先需要明白大豆蛋白素肉是什么。据山田解释："从大豆中提取出蛋白质，将其纤维化，然后制成口感类似肉的食品原料，这就是大豆蛋白素肉。不二制油自1957年起，着手开发大豆蛋白素肉，占国内市场份额50%。我司秉持着'大豆拯救地球'的信念，面向食品制造商、餐饮业和流通领域提供业务用的60多种大豆蛋白（粒状大豆类型）。大豆是一种超级食品，并且拥有可持续性。其生产过程中的水消耗量仅是饲养一头牛的八分之一。相比于牛肉，大豆以极少的肥料和水就能培养出高蛋白质，且温室气体排放量也要少得多（换算为 CO_2 的话是八十五分之一）。”

大豆蛋白素肉的开发源于对榨油后豆渣的处理利用。在此前豆渣一直都只用来喂养家畜，但其含有富含氨基酸的蛋白质。因此，最初被用于改善火腿、香肠、汉堡等食物的口感，或作为增量剂，后又被添加在谷物、凝胶状营养补充品中。随着 2009 年成立的 Beyond Meat 和 2011 年启动的 Impossible Foods 等人造肉制造商的兴起，关于它的利用出现了变化的苗头。在这样的背景下，各界人士密切关注先驱者不二制油的动向。

Beyond Meat 和 Impossible Foods 都是美国公司，生产由植物性肉类制作的汉堡肉饼等。一时之间，这两家公司成为引领潮流的新星，但作为老字号的不二制油同样毫不逊色，无论是业绩方面还是历史底蕴都占优势地位。然而，不二制油的大豆蛋白素肉主要用于商业，知晓该公司的消费者并不多。基于此，山田等人考虑如何提高公司的知名度。

伊藤忠总部的一个会议室里，我默默地听着山田的解说。接着，他拿出了一块棕色、类似羊羹的东西，并用刀切成小块。

“请尝一尝这个。”

“它有奶酪的味道，不如说它就是奶酪。”

“是的。”他说，“这是用大豆做的奶酪。那么，你觉得这是什么？”

他接下来拿出的东西虽然看起来与方才的没什么差别，尝起来却多了一股油脂味，“很像黄油。”山田默默地点了点头：“对的，这就是黄油，法语中称之为Beurre。这个产品叫作豆奶黄油（Soy lait Beurre），也就是大豆黄油。奶酪、黄油、鲜奶油等乳制品，我们都可以用大豆来制作。将大豆榨成豆浆后，再制成黄油、鲜奶油、奶酪等。我们不二制油不仅能够对大豆进行加工，还掌握了油脂和发酵技术，因此能够制作各种产品。到最后一个问题了，你认为这是什么？有点难猜哦。”

他说着，又递给我一块差不多的东西。由于该公司的大豆制品主要为商用，因此外观都是统一的，但一入口就能尝出它们的不同。这个味道似曾相识，却完全猜不到它究竟是什么。至少能确定它不是豆制品，富含油脂，却也不是黄油。它口感绵密，咸味与鲜味并存。

我大胆猜测道：“是味噌吗？”

山田笑着摇了摇头：“猜错了。给你提示一下，用这个做奶酪焗菜或意面会很不错。”

山田迟迟不肯揭晓答案。

“既不是奶酪，也不是奶油？”

“是的，我再给你一个提示吧，这个还可以用来做军舰卷寿司。”

我难以置信地提高了声音：“啊，难道是海胆？”味道确实像海胆。

山田“嗯哼”一声，清了清嗓子，开始给我解说：“没错。有些餐馆将其用于意大利面、奶酪焗菜和千层面的制作。大众一定会认为是真的海胆。当然，我们也明确标出它是人造海胆。”他继续说道：“不二制油研发出了全球首创的大豆分离技术。牛奶可以通过离心分离法分离成奶油和脱脂奶，分离豆浆却没那么容易。而不二制油研发出了这种技术。当然，其他公司也在尝试开发，但这不是他们的重点业务。我们之所以能够做到，是因为我们专注于大豆，并为此全力以赴。”

除了大豆蛋白素肉，将大豆奶酪、大豆黄油、大豆制海胆这三种新产品结合起来，可以开拓新的植物基食物市场。如果考虑将其作为肉末的替代品，那么它只能用来做汉堡或饺子等。但如果用大豆制作出像奶酪、黄油、海胆这样的调味品和原料，便可以将其搭配组合，应用于意大利料理、法国料理、中餐和日本料理等多种菜系。他们的产品不仅能够作为肉末的替代品，还具有开辟新市场的潜力。

大豆蛋白素肉等人造肉曾经只作为增量剂或肉类替代品。但如今它已成为对保护环境有利的食材，未来市场前景比较乐观。以大豆蛋白素肉为开端，包括乳制品和海产品等，植物基食品的涉及范围不断扩展，伊藤忠商事的团队正在探索其经营方略。

另外，随着伊藤忠2021年对荷兰食品科技企业的投资，以大豆蛋白素肉为基础的新市场正式开始形成。2021年，不二制油对专注于食品科技投资的基金机构“Unovis（优诺维斯）资产管理”公司进行投资。关于投资的目的，山田这样说：“Unovis位于荷兰，是一家专门从事食品科技的风险投资公司。食品科技初创企业的商业模式类似于硅谷的金融科技。与区块链、量子计算机和电动汽车开发等领域并列，充满活力的初创企业遍布美国西海岸、科罗拉多州，新加坡，以色列，荷兰等地。有些初创公司不仅涉足人造肉，还涉及培养肉（由细胞培养出的肉）。就像金融和IT领域一样，肉和人造肉的领域同样变化多端。去欧洲的普通超市看一看，便能深刻认识到这一点，它们的发展令人望尘莫及。食材被分为绝对素食主义、素食主义和弹性素食主义（准素食主义），摆放在专门的货架上。迟早日本也会变成这样吧。”此外，山田还提到：“我们使用大豆乳清作为土壤改良剂，并考虑将其出口。”

牛奶乳清富含营养物质，可以被用作营养补充剂等。因此，山田表示：“不仅是日本，我们想把它（大豆乳清）推广至全球。”“仅在日本本土推广这种土壤改良剂的话，市场规模太小。我们正在考虑将其浓缩装入罐中，进行出口。制成的土壤改良剂属于化学品，因此，我们将与伊藤忠商事的化学品部门合作，通过加强横向联系来开拓业务。”

从食物的生产、销售出发，扩展到投资、土壤改良剂的应用等更为综合的业务，并将其商业化，这便是商社。商社的工作就是从整体上考虑业务中的各个环节，并将其整合。若效果欠佳，则继续优化其组合方式。无论是再生纤维还是大豆蛋白肉，开发新产品后仅仅只开展销售业务，从长期来看是无法获利的。

商社人员的工作类似于软件开发。他们紧盯时代与环境的变化，并提出创意，结合自己的经验，最终打造出一项新业务。经验越丰富，整合模式就越多样。在听山田讲话时，我不经意地说了一句："商社的工作就是进行整合。"山田意识到了这句话，并在第二天给我发送了电子邮件。

"商社的工作，首先是进行尝试，再将这些点点滴滴的环节串联起来。我现在觉得，不仅仅是在年轻时，乃至这一生中，创造这样的点滴都是很关键的。从这个意义上说，商社的工作范围非常广，而我也因此有幸获得了各种机会，从管理提供给日本豆腐商的大豆原料的库存，到三国贸易、海外粮食收购和出口业务。如今，我在日本以产商的身份从事植物源食品业务的同时，还参与在海外风险投资。我觉得自己有很多机会创造属于自己的点滴。"

邮件中提到的"点与点相连"来自苹果创始人史蒂夫·乔布斯在斯坦福大学毕业典礼上的演讲（Connecting the dots）。乔布斯说，他并不是有预谋地在积累这些点滴（知识或经验），而是在事后回顾时，才发觉这些点滴以某种方式串联了起来。在这段演讲的最后，乔布斯建议即将大学毕业的年轻人："相信你现在所做的事对你将来会有帮助（因为这些点滴是有关联性的），所以要为之努力。"

正是因为这些年山田在伊藤忠商事工作，他才没有止步于大豆蛋白素肉的开发，而是进一步萌生了风险投资和向海外拓展乳清业务的想法。我想这得益于他将过去在伊藤忠商事的经验充分活用在了自己的工作上。他这种"融会贯通"的能力不是一蹴而就的，而是在与豆腐商的来往中，与大粮商的交涉中，对行业的观察中不断培养和完善起来的。每个在该行业工作的人都有这样的经历。然而，就伊藤忠商事的员工而言，这些经历的涉及范围十分广阔。

无论哪家贸易公司的员工，都平等地拥有在工作中获取新知识的机会。但如果你在资源型贸易公司就职，且只从事与煤炭相关的工作，那么你所能接触到的就只有煤炭和能源。

然而，伊藤忠商事员工人数少于同行业其他商社，所以每一位员工需要做各种各样的工作。

如果你在资源型贸易公司，可能仅凭资源领域的经验便能完成全部工作。但伊藤忠商事的员工分散在各种非资源领域，人员调动也十分频繁。如果新领域需要人才，甚至有可能将负责机械的员工调去管理全家便利店。

如果把"点"当成"工作经验"，那么与其他商社相比，伊藤忠商事的"点"可能大小不一且颜色各异，"点"与

“点”之间的串联效果也是各式各样的。正因为如此，这些“组合”才会出“奇迹”。伊藤忠商事的员工能具备“连点成线”的意识，也许并不是得益于工作指令或内部培训，而是由伊藤忠商事的公司文化决定的。不只是销售商品，在融会贯通各种经验的同时，规划整合周边业务成了再自然不过的常态，只因这是公司的文化。而塑造这种文化是一代又一代经营者所应该做的。

“游历”过世界各地垃圾场的日本人

纤维素纤维和大豆蛋白肉是伊藤忠商事为实现低碳化社会而重点发展的非资源型产业，对减少温室气体排放起到了积极作用。纤维素纤维主要由废弃木材制成。大豆蛋白肉相较于家畜饲养，不仅可以减少用水量，还能减少二氧化碳和甲烷的排放。

饲养家畜所产生的甲烷量并不少。《东京新闻》曾经刊登过一篇文章，就这个问题进行了说明。

就猪肉而言，据估计，在零售店出售的每公斤肉（去掉骨头和其他部分）约排放 7.8 公斤 CO_2。这是饲料生产、饲养、屠宰等过程的排放量总和。在其由零售店售出前，还会排放约 3.3 千克的 CO_2。（中略）

根据联合国粮食及农业组织（FAO）2013 年的报告，仅畜牧业的温室气体排放量就占去了全球总排放量的 14%。牛的排放量尤其高，占畜牧业总排放量的 65%。（中略）

据农业·食品产业技术综合研究机构（农研机构）的高级研究员荻野晓史称，在同等重量下，与牛肉生产相关的温室气体排放量大约是猪肉的4倍。主要原因是牛会“打嗝”。根据荻野在2004年、2007年发表的论文，日本国内饲养的黑毛和牛在去除头和内脏后，每公斤带骨牛肉约排放23.1公斤的CO_2。其中，打嗝产生的甲烷占了一半以上。（摘自《东京新闻》，2020年7月28日）

大豆蛋白肉的开发和推广将大大推动脱碳化的进展。发电行业是一个排放大量温室气体且对环境产生负担的行业。伊藤忠商事机械公司的城市环境与电力基础设施部门主管东山英一郎正在开展将废弃物作为燃料的发电项目，以减少对环境的影响。

东山加入伊藤忠商事缘于他的一段大学经历。暑假期间，他曾在本州—四国联络桥管理局实习，并表示希望从事大型建筑海外工程相关工作。因此，他决定入职一家综合商社。

进入公司后，他被分配到工厂部门。上司和公司前辈向他介绍了综合商社和工厂业务的历史。综合商社在第二次世界大战日本战败后开始涉足工厂业务，并在经济高度成长期取得了蓬勃发展。战败后，日本正值重建之际，首先在国内建设了发电厂、钢铁厂、石化厂和桥梁等基础设施。随着日本国内经济得到增长，需求随之放缓，之前主要生产发电机等设备的重型电机和机床厂商有了出口的余力，便在综合商社的主导下，开始向韩国、中国和其他亚洲国家出口机械和设备。

对于钢铁厂和石油化工厂这类大型项目，其出口对象发展中国家和中等强国通常无法一次性支付全部款项。因此，综合商社与日本进出口银行（现为国际协力银行）进行协商，提出了延期付款和提供日元贷款的方案。

不仅要对机械和设备进行出口，他们还需要考虑货款结算的方式，提供售后服务。像钢铁厂、发电厂都是独立的项目，因此就算项目规模再大，通常涉及金额也在数十亿至数百亿日元这一区间内。而石油化学联合厂则规模更为庞大，可以达到 1000 亿日元甚至 2000 亿日元。如果从炼油厂至石油化学生产工厂都囊括的话，就会涉及如此大的金额。

石油化学联合厂等工厂的设计通常由日本或海外的工程公司承包。综合商社负责的主要部分是“结构设计”，具体指构建项目、筹集资金、组建建筑公司等团队，以及销售建成的生产设备所生产出的产品。虽然综合商社也负责销售最终建成的工厂所生产的产品，但这方面不是由机械设备制作团队，而是由负责能源的团队来处理。就石油化学联合厂而言，所生产的产品种类繁多，最终产品还包括便利店饭团的包装袋。

综合商社工厂部的工作非常重要，这正是东山在学生时代所向往的大型工作，但这也是一项漫长的工作，需要花费大量的时间才能完成并出售。东山曾从前辈那里听说有关工厂开发、制造的历史和相关工作概述，感触良多，说道："没有综合商社的参与，工厂开发是一项无法完成的工作。工厂开发的特点是，从知晓项目，到制定企业战略规划书，再到招标，需要很长时间。即使中标，到实际实施还要经过更加漫长的过程。在此期间，经济环境的变化，政府政策的改变，就近期来说，新冠疫情的蔓延或国家间的冲突，都可能导致开发项目被取消。仅仅是准备工作就需要数年的时间，有些项目可能需要 5 ～ 6 年。我负责的时间最长的项目之一是印度尼西亚萨鲁拉的一个地热发电厂项目。地热发电的原理是利用地下温泉蒸汽转动涡轮发电。萨鲁拉项目提出于 1997 年，也就是我进入公司的 4 年后。2007 年，我司提出方案，几经波折后最终签署了协议，直到 2015 年才着手实施该项目。仅仅是这些，我们就用了近 20 年的时间，但项目启动后仍然存在需要解决的问题。从开始运作算起，发电站和工厂之间有 20 年到 30 年的合同期。如果项目迟迟不启动，那么可能它将'陪伴'你从入职到离职。因此，很少有人会在加入公司后长期负责某一项工作。我们的工作有时走运，有时不走运。既有签了合同后马上实施的项目，也有还没有开始实施就成了不良贷款、必须将不良贷款回收的项目。我在入职的头 10 年就参与了大量的不良贷款追偿工作。当亚洲危机这样的事态发生时，有些人甚至破罐子破摔，坚持不还款。有一次，在某国建了一个钢铁厂后，由于该国财政困难，还款迟迟不到位，我只能接连几天给该国的财政部副部长打电话，并登门拜访，敦促他尽快告知我还款时间和方式。为了完成还款，我们有时还会安排完成产品（例如钢铁产品）的销售渠道,并协助其销售以作为还款的手段。为了协助销售，我们需要向其他部门寻求支持，这自然会产生额外的成本和佣金。然而，有些人就会说‘如果你要收手续费，那我们就不还钱了’之类不像样的话。于是，我们又得谈判。”

仅仅是整理拟投标的提案书就需要很多时间。虽然由团队分工合作，也至少需要 1 个月，而最后的两三天还要通宵整理文件。东山刚进入公司时，曾经在最后一刻算出了估价，带上大量的文件和行李搭乘了飞往中国的商务舱。他心想，“太好了，终于可以交上企业战略规划书了”，于是松了口气，点了一杯啤酒。因为通宵未眠，并且以前从未喝过酒，他只喝了半杯就断片了。醒来后，发现自己正躺在空乘人员面前。这是因为他感到不适想要起身时，在站起来的瞬间就晕了过去，从而才被抬到了厨房的地上。

“你没事吧？”空乘关心道。他尽力挤出声音回应:“嗯，我没事。”“到达中国后，我马上去了投标现场，但很可惜未能中标。不过，失败的余韵只持续了短短几天，因为还有下一个工作在等着我。而且，竞标失败还好，无法参与竞标，也就是说，不能参与进来才是最让人遗憾的。”当然，有中标的时候，也有竞标失败的时候。胜算能达到“五成就是再好不过的了”，东山这么说。

即便中标了，项目在这之后也有可能取消，从动工到完成还可能需要花费 20 年到 30 年。更甚的是，可能出现产品完工后，对方公司不付款而陷入困境的情况。为何尽管存在种种风险，东山和他的团队还要全力以赴呢？也许最终会获得很大一笔利润，但考虑到耗费的时间和精力，这份工作似乎并不划算。但他们仍勇于接受挑战，只因这是一项艰巨的工作。从金钱和时间方面衡量，世界上没有哪一项工作比工厂开发的规模更大。

那么，究竟是何种激情驱使着他们从事这项工作？东山歪了歪头："我也不知道，希望有人能帮我解答。但我总是觉得我必须这样做。正因为我在一家日本综合商社工作，才能在国外完成几十年后仍会留存在世界地图上的工作。我们在做着别人无法做成的事情，这或许就是答案。"

日本综合商社之所以能够承包长期工作，缘于他们从经济高速增长时期就开始积累的工厂开发经验，其中就包括像林业这种面向未来的长期工作。一些主要的综合商社都会涉及石油化工厂和发电厂事业。然而，只有伊藤忠商事投资了以废弃物为燃料的发电项目。垃圾发电是发电产业中备受关注的市场，它既不属于化石燃料，也不属于核能，更不属于自然能源。

垃圾发电归属于生物质发电，是一种可再生能源。然而，垃圾中包含塑料等石油化学产品。因此，有观点认为如果不将这些物质分离出来再生，按理说就不能称之为"可再生能源”。然而，由于目前是将被废弃的物品作为燃料再次利用，从整体上来看，这是对资源的节约，且有利于保护环境。目前，伊藤忠商事开展的垃圾发电项目有4个在英国，1个在东欧的塞尔维亚，1个在中东的迪拜。

那么，究竟什么是垃圾发电呢？东山似乎在等着这个问题，以一副胸有成竹的表情解答道：“对各地方自治体来说，将垃圾埋在地下的成本要低得多。只要有土地，就可以对垃圾进行处理和填埋。随着城市化的推进，寻求垃圾填埋地变得越来越困难，地下水污染问题也随之而来。一个国家发展程度越高，废物处理的问题就越难解决。”

最初，东山的团队参与了日本国内和中国台湾地区的投标。虽在日本国内失利，但在中国台湾地区却成功中标了。然而，由于“该地区产生的废弃物达不到长时间支撑新的发电厂的要求”，因此该项目被取消了。他们的工作面临着各种各样的难题。单是垃圾数量方面，随着时代的进步、包装的简化和人们环保意识的增强，其数量也会减少。此外，垃圾数量还会随着经济和生活方式的变化而波动。经过多次尝试，东山团队完成的第一个项目是在英国的一家垃圾发电厂。

“在欧洲，能够建造垃圾焚烧发电厂的制造商有4家到5家，而在日本有5家到6家。不过，日本的制造商曾经获得欧洲的许可证，可见技术上仍然是欧洲领先。垃圾焚烧发电厂在结构上与普通发电厂无异。普通发电厂使用重油、天然气或煤炭作为燃料，燃烧后产生的热量将水转化为蒸汽，然后通过喷射蒸汽推动涡轮旋转。而垃圾焚烧发电厂则以垃圾本身为燃料。不过，由于垃圾通常是湿的，最好将其与来源于化石燃料的垃圾（如塑料）一起放入焚烧炉，这样发电量会更高。”

东山之所以对垃圾发电相关工作感兴趣，是因为他发现垃圾本身就很有趣。不同国家和城市的垃圾质量和数量各不相同。通过观察垃圾，可以窥见当地居民的生活。他说：“因为要去巡视各种垃圾场，鼻子还挺遭罪的。”不过，没有几个日本人“游历”过全世界各地的垃圾场。通过这项工作，他成为世界垃圾状况专家。

日本约有 1000 家垃圾焚烧厂。之所以数量多，是因为各地方政府都建设了自己的垃圾焚烧厂。规模小，垃圾量也少，不足以用来发电，因此并没有建设发电设施。即使能发电，充其量也只能用于供暖或温水游泳池。相比之下，英国、塞尔维亚和迪拜的垃圾数量庞大，迪拜的垃圾数量大得惊人。且迪拜气候干燥，垃圾很容易干，所以垃圾燃烧效果很好。此外，迪拜人的消费需求很旺盛，因此丢弃物品的频率也很高。

例如，日本人每人每天产生的垃圾量约为 1 公斤，美国人则是 3 公斤，在我的印象中，迪拜的垃圾量看起来比美国更多。我实际计算了一下，大约每人 3.8 公斤，是日本人的 3 倍之多。在消费旺盛且废物丢弃速度快、回收利用水平不高的国家，以及垃圾填埋场规划面积不足的城市地区，垃圾发电焕发着新商机。

虽然再生纤维、大豆蛋白肉、垃圾发电在综合商社传统业务中可能显得不够出彩,但它们的市场成长空间巨大。伊藤忠商事的员工们正在为其成长壮大而努力奋斗。10 年甚至 20 年过去，纤维产品的主流仍然可能是天然纤维，如棉花、丝绸、羊毛，或者是石油化学产品。即使大豆蛋白肉得到了普及，也不可能完全取代牛肉、猪肉和鸡肉。甚至垃圾发电也不会成为发电市场的主宰。但谁知道三四十年后会发生什么呢？伊藤忠商事的管理层之所以会批准这些项目，是因为他们考虑到了遥远的明天。从过去到现在，伊藤忠商事将继续放眼于未来、努力奋斗、砥砺前行。

伊藤忠

第十五章

日本与综合商社

综合商社应如何发挥作用以促进日本复兴

如果查看日本财务省2021年的贸易统计（初步数据），就会深切感受到日本产业结构的变革。日本的总进口额为84.76万亿日元，总出口额为83.091万亿日元，进口额比出口额多出约1.7万亿日元。第一大进口商品是原油，第二是液化天然气，第三是医药品，第四是半导体等电子元件，第五是通信设备。而在出口商品中，汽车位居第一，半导体等电子元件位居第二，钢铁位居第三，汽车零部件位居第四，半导体等材料位居第五。

第三大进口商品的医药品中包括了新型冠状病毒疫苗和治疗用药，说明日本制药业在疫苗生产方面比较滞后。而第五大进口商品的通信设备，其中智能手机占大头。这会导致日本厂商失去智能手机的市场。半导体在进口商品中排名第四，在出口商品中排名第二。进口的半导体微型且性能高，与之相比，出口的半导体则性能较低。出口商品中的第一、第三、第四位均为汽车及其零部件。不说全部，但其中大多是运往日本汽车制造商海外工厂的汽车用钢板。此外，位居出口商品之首的汽车，大部分由丰田公司生产，其次是马自达和斯巴鲁。而日产和三菱汽车的出口数量则较少。

虽然货物进出口的情况如上所示，但在日本还有一个名为“第一次所得收支”的概念，曾被称为“所得收支”，指的是日本企业海外当地法人的股息以及外汇资金特别会计（外汇特会）所持有的美国国债利息收入等。截至目前，“第一次所得收支”的盈余抵销了进口的赤字，并且一旦新冠疫情结束，预计将迎来一大批入境游客在日本国内消费，由此带来的旅游收入不可忽视。在替代汽车地位的出口商品出现之前，这种结构将会长期保持下去。

总而言之，日本的贸易赤字已然超过1万亿日元，很难再被称为加工贸易国。雪上加霜的是，日本周边的形势也越来越严峻。在俄乌冲突之前就已经居高不下的资源价格，随着日元的不断贬值，其上涨已是必然趋势。为了确保日本经济大国的地位不被动摇，必须发掘和培育出除汽车之外的出口商品。这恰恰指明了综合商社需要发力的方向。

在日本经济增长停滞不前、陷入困境之时，中国、印度和东南亚一些国家不断成长起来。如果这些国家以高价垄断资源和原材料，日本也只能束手无策地眼巴巴看着。“节电和自我克制的生活”可能成为日本的未来。

伊藤忠的员工除了做好手头上的工作，还必须寻找能赚取外汇的商品和服务。目前，综合商社主要通过资源业务赚取大量利润，并通过纳税为日本做出贡献。第一代伊藤忠兵卫和第二代伊藤忠兵卫出口棉纱、棉布，是为了获取外汇，进而增强日本国力，提高其国际地位。随着世界范围内环保法规的严格化，发动机和混合动力汽车的出口将会越来越受限。寻求为世界市场“喜闻乐见”，且具有首创性的商品和服务，这便是伊藤忠商事被赋予的使命。

未附有商品名的内部子公司的设立

伊藤忠商事位于东京青山的总公司8楼汇集了与消费相关的部门。2019年7月，在这个楼层的一角，面向日本未来的“第8公司”就此成立。这是该公司自1997年引进公司内分公司制以来，所设立的第一个新部门。

第8公司的创立者是冈藤正广，其创立的意图如下：

综合商社通常“以商品为轴”扩大业务，因此本公司以粮油食品、纺织等各类商品的大分类为框架设立公司内公司，再于其中进一步细分出各种更为具体的商品及服务组织。在关联性较高的商品结构中，对于个别商品的采购、销售及提供服务来说，这是最佳的组织形式。但是现在这样的“以商品为轴的纵向”组织有时候反而成为弊端。

例如，从超市收到了关于整个卖场的业务商谈要求，在目前的“按商品划分负责人”的制度下，鲜肉、咖啡、点心等商品分属各个负责人，因此就陷入了难以应对客户对商品及服务综合性需求的窘境。

作为解决问题的第一步，我们于今年7月1日新设了第8公司。从现有的7家公司中，集结了40名左右B to C方面的人才与相关资产，在思想上转变为“市场导向”的理念，并在充分利用现有顾客基础的同时不断积累成功案例。这一模式今后还将在现有的7家公司铺展开来，这是本公司整体朝“市场导向”变革的排头兵。

草木在牢牢扎根前，如果频繁更换花盆的话，肯定是无法好好成长的。人的培养也同样如此，在特定领域花费一定时间不断磨炼并成为该领域的专业人才，这样的理念今后也不会有任何改变。（摘自《综合报告》）

在公司成立之初，担任公司总裁的是细见研介（全家总裁），目前是加藤修一。加藤表示：“我一直在等待第8公司这样一个组织的诞生。”“我对冈藤的想法很有共鸣。所有商社的组织都是按商品或功能来划分的。伊藤忠商事也是从祖传的纺织品开始，逐渐扩展到机械、金属、能源、化学品、食品、生活资材和住居……包括我曾担任执行副总裁的信息金融公司也是按产品来划分的组织。只有伊藤忠商事将这些组织称作公司，而其他商社则称其为总部或部门。实际上，它们都是按产品划分而来的组织，只是叫法不同而已。然后呢？每个按商品划分的组织都有各自面向的行业，即与之有长期合作关系的制造商。而隶属于各商品组织的商社员工的工作就是销售并想办法营销这些制造商的产品。这导致他们不可避免地会陷入产品导向思维。因此，我司成立了第 8 公司，根据‘市场导向’的思维方式开创新业务。公司名称中之所以不包含产品名，是因为包含产品名后会受到其约束。所以，伊藤忠首次将公司命名为不带商品名称的‘第’公司。冈藤上任以来，一再强调‘市场导向’理念，指的是要倾听消费者的心声，提供满足消费者需求的业务。说起来容易，做起来难。第 8 公司就是作为市场导向相关部署而开始活动的。虽然伊藤忠商事率先设立了像第 8 公司这样的部门，但如今的时代已出现不少像 GAFA 这样跨行业的公司，其他综合商社也迟早会开始效仿吧。第 8 公司即将开展如下工作：先是与全家的合作。全家在日本国内约有 1.6 万家实体店，每日客流量达到 1500 万左右。店铺中便当、甜品等商品的开发，由全家和各供应商负责。第 8 公司的任务则是俯瞰全家整体，并开拓新业务。迄今为止，双方合作取得了三项成果：第一项是推出了一款名为 Famipay 的扫码支付软件。作为行业领先者的 7-11，虽然旗下有 Seven 银行，但仍使用 PayPay 作为其支付软件。罗森旗下也设有罗森银行，却没有相应的支付软件。业内两家公司都成立了自己的银行以提供金融服务，而全家选择开发支付软件而非设立银行。”

加藤说道：“Famipay 这款软件可以用来缴纳水电费等公用事业费。就算没有银行，我们也可以通过支付软件与各种金融业务建立连接。”Famipay 不仅可以支付公用事业费用，还可以在全国 20 万家以上的店铺，包括餐馆、药妆店、超市等，代替现金支付。

只需在 Famipay 中充值一定金额，就足以满足日常支出。充值后没有利息，但可以获得积分和优惠券。目前，大型银行的普通活期存款的利率为 0.001%，也就是说 100 万日元存 1 年只能获得 10 日元的利息。而如果使用 Famipay，只要在每月的 10 日或 25 日充值 3000 日元以上，就可以获得点心、饮料等商品的免费兑换券（每次的免费兑换券都不同）。

如果将来能够实现 Famipay 用户间的实时转账，那么就可能出现有人不开设银行账户，只将资金放入支付软件的情况。目前，即将实现支付软件之间的实时转账，也就是说，不仅是便利店，还包括零售连锁企业，即使不设立旗下银行，也能够提供各种金融服务。

第 8 公司取得的第二项实际成果是广告投放业务。伊藤忠商事和全家、（株）NTT DOCOMO、（株）CyberAgent 共同成立了（株）Data One。Data One 将活用全家的消费数据，向智能手机投放广告。加藤说："广告内容并不仅限于全家销售的商品。我们会结合顾客的特点来发送广告。如果是在便利店购买过能量饮料或健康饮料的顾客，将收到健康食品和补充剂的广告。这项业务以全家的购买数据为基础。"

第三项实际成果是原创媒体的开发。在全家的门店中设置了3台大型显示屏，用于播放节目和广告。据说在约3000家门店安装后，可以获得与地方电视台几乎相当的观众。内容包括偶像访谈、地方新闻等，不一而足。今后还将继续升级，使其能在灾难发生时及时播报新闻，在公共交通延误之时播放相关延误速报，并播出由公司内部制作或从其他公司收集而来，且地面、卫星电视均未播出过的独特内容。

如上所述，第8公司着手的业务并非开发便利店所卖商品，而是从商社视角出发，构思周边业务。各便利店企业分别都在不断引入新的尝试。例如，7–11在新冠疫情期间增加了店内的冷藏陈列柜。他们应外出就餐人数减少的趋势，面向在家烹饪的顾客提供冷冻食材。还正式推出了宅配服务。在新冠疫情期间，很多人都闭门不出，他们为此建立了将便当和副食品配送上门的机制。

相比之下，罗森则致力于店内烹饪，并启动了便当、副食品的宅配服务。而全家并没有全面推行宅配服务。其部分门店是采用了IT技术的无人便利店，顾客需将想购买的商品带到收银台，自行完成支付。

如果你实际走访了各家便利店，就会发现他们提供的商品几乎是一样的。各公司的员工和便利店爱好者可能会坚持认为“三大连锁品牌的便当和甜品完全不同”，但在普通顾客看来差异极小。连锁品牌很难通过其产品脱颖而出，因为一旦一种产品大受欢迎，其他连锁店很快就会开发出类似的产品。

因此，各便利店企业推出了宅配服务、无人便利店等商品以外的差异化服务。然而，7–11 和罗森推出的宅配服务，与全家推出的无人便利店、第 8 公司的周边业务相比，其思考角度各有不同。前者是零售店以往提供的外卖服务的延伸，而后者则是商社独有、基于商流的视角。

无法从数据得知的客户需求

日本式便利店之父是被称为天才企业家的铃木敏文（Seven & I Holdings 名誉会长）。

他注重饭团、便当和副食品的提供，启动宅配服务、公用事业账单支付服务，并设立银行。便利店之所以在全日本普及，开设有约 6 万家门店，是因为其他公司复制了铃木的模式，且获得了各地消费者的接受。铃木退休后，各家便利店开始追求个性化。今后，店铺数量不太可能大幅增加。店铺会优胜劣汰，只有被消费者接受的连锁店才能实现销售增长。

全家注重的是“产品力、便利性、亲和力”这三个方面。

便利店收集各种数据，并将其活用于商品和门店服务，包括在便利店购物的人有何种特征，买什么，不买什么，何时何种商品最为畅销，商品在不同地区的销售情况如何……在收集、分析这些数据后，各企业展现出了各自的特点，如 7-11 和罗森倾力于宅配服务，而全家则是推出了无人售货门店，并在店内设置了大型显示器。

目前便利店的经营战略，与其说是经营者主动思考的结果，不如说源自对庞大消费者数据的分析。然而，有一件事我怎么也想不通。在我调研伊藤忠的近 3 年时间里，每天早晨，我都会去附近的全家、7–11 或罗森购买咖啡、饭团、便当、冷冻食品、饮料等。这时我会环视店里情况，查看新产品，并观察顾客的反应。不过，这也不是一件难事。除我以外，每天都跑一趟便利店的人不在少数。散着步就可以到达便利店，因此，取材上并没有什么困难。

每天去便利店，我总会有新发现。我走访的 3 家店都位于住宅区，步行至车站只需 5 ~ 10 分钟。它们不在车站附近，也不在办公区。每天早上的 7 ~ 8 点，我都会去 3 家店转转，有时只去 2 家，这时店里的顾客都是上班前的商务人士和老人。上午，店里几乎没有小孩和学生光顾，也很少见到带着孩子的家长。

于是，我有了两个发现。第一，约四分之一的顾客并不是来购物，而是来支付公用事业费用或寄收快递的。便利店如今更像是服务提供商和地方公共机构，而不是商品销售商。便利店的员工除了售货，还要身兼数职，负责包括缴费、宅配服务和旧货市场交易商品的寄送。这对我来说是不可能的工作。

第二，便利店的顾客中不乏使用拐杖，推购物车、坐电动轮椅的人。对于便利店里经常有借助辅助器具的顾客光临这个事实，我很是震惊。基本上是残障人士，但也有很多上了年纪的老人使用拐杖和购物车作为步行辅助工具。

这之外还有因为受伤、腰部扭伤等，短时间内需要借助拐杖或轮椅的人。他们可能不方便去需要乘坐交通工具才能到达的百货商场或购物中心，但会光顾附近的便利店。我曾以为下雨天他们不会来，后来发现即使下雨，他们也会光顾便利店。在疫情防控时期，老年人和残障人士可能会被认为更倾向于待在家里，但去不去便利店则另当别论。也许是因为这两个群体都抱有相同的想法："至少出出门去便利店转一圈吧。"

在我看来，这些群体的信息可能并未传达给便利店公司总部。员工在收银台对其进行统计或许是个办法。那么，总部的人们是否意识到了这一点呢？便利店公司总部可能压根没有察觉，或者说很难察觉到难以收集数据的群体的需求。

带着婴幼儿的家长也经常光顾便利店， 购买零食和饮料、副食品和便当等。然而，推着婴儿车的母亲无法进入过道狭窄的便利店，因此她们会选择去住宅区内相对较大的商店购物，并且总是在人工柜台处排队。这些母亲熟悉智能手机的使用，所以自己来购物的话则会使用自助结账系统。但如果一手推着婴儿车，一手牵着另一个孩子，她们就无法空出手来自助结账。我曾经做出推测："数字原住民都会选择自助结账系统"，但可以肯定的是，带着孩子的母亲则一定会避免自助结账。

问题在于,便利店公司总部是否听到了这些人的诉求。

借助辅助器具的人和带着孩子的母亲如何看待自助结账？他们是否希望自助结账机更加人性化？又或者，她（他）们是否希望取消收银机，转而使用面部识别来购物？每一天，当我进入便利店时，脑海中都会浮现出这样的画面：使用辅助器具的人和带着孩子的母亲在便利店里享受购物的乐趣，便利店设有宽敞的过道，他们无须在收银台前排队就能轻松地完成购物。

此外，老年人似乎并不像人们意料的那样完全依赖宅配服务。而老年人通常会选择光顾同一家店，只因那家便利店的员工友善，愿意和老年人聊天。我之前常去的全家也有一位一只手看起来不太方便的老年人常客。他总是背着背包来店里，用一只手拿起牛奶盒后径直走向收银台。而员工则十分自然地将牛奶放进他的背包中，然后接过他递来的银行卡进行结账。他们时而交谈，大笑，总是在愉快的氛围中完成购物。

这位客人不太可能去其他便利店。实际上，我曾多次看到这家便利店的员工不仅是对这位老人，而且对于使用拐杖或是电动轮椅和推着购物车、带着孩子的母亲都非常友好。这里不是挤出假笑，也并非谄媚。无须总部的指示，便利店的员工会自发地关怀那些购物时不太方便的弱势群体，并提供亲切的服务。

我希望第 8 公司和全家的员工牢牢记住这一点：在便利店提供的所有服务中，顾客最为看重的是亲切和关怀。

便利店员工并不烦躁，总是自然地将牛奶放入老人的背包中。看到这种场景，我不由得湿了眼眶。

伊藤忠

第十六章

CEO 的决断

判断投资提案的基础在于观察人

简单回顾一下综合商社的历史和变化就会了解到，三菱商事和三井物产最初是政府代理公司，在被收走国有财产后转变为主营资源和能源的商社。如果三菱商事和三井物产进口铁矿石，新日本制铁公司等钢铁公司就会来将其收走。如果他们采购石油或液化天然气，东京电力公司（TEPCO）等电力公司便会前来购买。从一开始，它们就拥有大客户，因此，其资源商社的地位非常稳固。虽然它们也在其他领域开展业务，但资源仍然是它们的利润之本。伊藤忠商事和丸红商事则是起家于纺织品贸易。它们收购生丝和棉花，将其交付给纺织厂和制丝厂，然后将成品批发给零售商。虽然也经营其他商品，但长期以来都是以纺织品为主。

纺织纤维、食品、香料等商品都受市场波动的影响。从战前到战后的一段时间，纺织品商社开展贸易活动的同时，还进行了投机交易。战后，日本经济得到快速发展，规模扩大后的纺织品商社进军资源和机械等领域，成为综合商社。自此，它们与战前就已存在的老牌资源商社同属一个范畴。然而，它们在寻找客源方面遇到了难题。三菱商事和三井物产能够与新日本制铁公司和东京电力公司进行交易，而伊藤忠商事却需凭一己之力寻找新客户。

到了21世纪，资源、能源价格持续波动。资源价格上涨时，综合商社的利润增加。然而，当资源价格下跌时，业绩也会随之下降。综合商社的股票评价不如制造商的好，也正是因为综合商社的业绩受资源价格的影响太大。在资源领域实力并不强的伊藤忠商事自祖传的纺织品产业，向食品、便利店、IT等与生活消费相关的产业进行扩张，逐渐朝业绩波动较小的结构转变。看到这一趋势，其他资源商社也意识到“不能再单纯依赖于资源”，并着手发展生活消费产业。

外国投资者很难理解综合商社这种日本特有的商业模式，这也被认为是综合商社股价未能上涨的原因之一。然而，在2020年夏天，著名投资家沃伦·巴菲特收购了伊藤忠商事、三菱商事、三井物产、住友商事和丸红商事各自占其总市值5%左右的股票。这也许是因为他判断资源价格已经进入上升阶段，且这种趋势将持续下去，而价格的上涨不仅能弥补波动率带来的风险,还能产生额外的收益。

巴菲特的预测没有错。新冠疫情导致全球物流陷入混乱，这之后资源价格持续上涨。随后，在2022年俄乌冲突爆发，这使得资源价格快速上升。谁也无法预测何时会进入下降阶段。2022年，综合商社取得了有史以来最好的业绩。曾经有人说贸易公司正处于“寒冬期”，但现在它们正享受着欣欣向荣的仲夏。由于资源价格飙升，伊藤忠商事在截至 2022 年 3 月的 2021 财年的财报中，净利润排名从第一位滑落，三菱商事和三井物产分列第一和第二位。虽然如此，伊藤忠商事的经营目标是不受资源价格影响，因而他们将继续加强生活消费产业，将其作为公司业务的主要支柱。同时，已经着力发展生活消费业务的资源商社或许会再次将重心转移到资源产业。因为当它们能在资源业务获得相当丰厚的利润时，发展生活消费业务的积极性会相应地减弱。

沃伦·巴菲特曾说：“只有当潮汐退去之时，才能知道谁在裸泳。”所谓“潮汐退去”，即指行情涨势消退，此时那些如同未着泳衣一般可耻的投资、运营的实际状态就会被揭露。资源价格下降便是“潮汐退去”的时刻，到那时，综合商社的真实实力和实际经营状况将会浮出水面。

综合商社和制造商在制定经营战略时有很大的差异。制造商只需将自家技术制造的产品推广至市场即可。他们既能走在时代前沿，也能与市场环境作斗争。商社的业务则会反映时代和环境的变化。由于战前、战后日本产业结构的转变和全球经济形势的变迁，商社的业务内容也发生了变化。这样一来，商社经营高层就只需要根据时代和环境来规划方向，做出决策。以伊藤忠商事为例，经营高层需要从纤维、能源、化工品、金属、食品等各个子公司总裁提出的投资提案中，判断应该重点关注哪个方向。然而，综合商社的业务涉及多个领域。对缺乏经验的业务领域的投资提案，即便是经营高层可能也难以做出判断。

伊藤忠商事的上一任社长——小林荣三曾说：“每个经营者的判断方式都不同。我在做决策时会参考来自人际网的信息。担任社长后，人际网的建立也将更为丰富多样。作为一家商社的社长，无论是纺织行业还是能源相关行业，都拥有与各行业领导交流的机会。在经济团体联合会或商工会议的聚会上也会经常与他们碰面。正因为有这样的人际关系，我才能深入了解行业内的情况。”

作为综合商社的经营高层，可以不受业务类型的限制，与各行各业的领导会面。小林利用高层领导所能建立的人际网，收集深层情报，对自己未涉足领域的工作进行了解。小林做出判断还有另一个依据——看起草提案的人。

小林笑着说：“说实话，有些项目的内容我并不了解。”“有时候公司内部传达上来的消息，只听内容我无法做出判断。这时，我会看提出方案的人的样子和表情。稍加提问后，如果对方的眼神躲闪了，或者显得有些慌张，那么我可能会重新考虑这个提案。除此之外，我会向我的员工打听提案人。有可能对方在我面前表现得很端正，但在员工那儿风评并不好。最终，还是靠我自己拿主意。判断结果取决于我对这个提案和实际推动项目进行的人有多大把握。最重要的是考虑在最坏的情况下要承担何种风险。

我并不是说绝对不能失败，但也说不上允许失败。对于那些拼尽全力去做但失败的情况，有时我也会给予肯定。因为员工才是我们公司拥有的财富。”

“然而，如果一直处于亏损状态的话，公司将会面临倒闭。因此，我总是在进行风险管理的同时做决策。”小林虽然说他会“向自己的员工打听”，但另一方面，他坚定地表示：“我从未向离开公司的前辈打听过。”这种做法是正确的。明智的前辈不太可能在退休后还向晚辈提案，而是保持沉默，关注并支持晚辈的活动。这才是成年人该有的做法。那些打着“为了公司好”的旗号而做出业务提案的人可能另有企图。如果他们真的有如此热情，完全可以回归职场，自己完成这项工作。

那么，作为经营高层，他们的一项重要工作是如何选定接班人。关于为何选择冈藤做自己的接班人，小林是这样说的：“选择冈藤作为社长是我的决定。公司内部的提名委员会也有提到冈藤的名字。不过，由于他曾在大阪工作，我个人并不太了解他。公司内部有人说：‘小林社长熟知的人选明明在东京，为什么要从大阪找人来呢？’但我认为他是唯一的人选。在我上任前，也就是丹羽作为社长那段时期，公司经历了一场‘大手术’，还清了巨额负债。而我担任社长的那段时间则类似于康复阶段。公司状态好转后，我们得开始赚钱了，对于这一时期而言，冈藤会是个不错的选择。而且我曾经考虑，在社长的人选方面，或许可以回归伊藤忠商事的本源——纺织业。虽然冈藤不熟悉东京，但他是纺织公司出身，选他再合适不过了。”

防范性经营

2020财年（截至2021年3月）的财报显示，伊藤忠在市值、股价、合计净利润方面超过了其他综合商社，成为行业第一。一年后，由于俄乌冲突的影响，加上资源价格飙升，2021财年合计净利润最高的是三菱商事，三井物产位居第二，而伊藤忠商事则滑至第三。但冈藤正广并未因此而泄气。现下，在大学生理想就业去向的许多调查结果中，伊藤忠商事超过了行业“领头羊”三菱商事，并且在所有行业中排在首位。

冈藤认为：“从长远来看，与其依赖于资源价格，不如致力于发展生活消费相关领域，这样业绩波动会更小。”虽说如此，业绩也并不稳定。冈藤一直告诫公司员工要“打起精神来”。他引用企业家兼管理学家克莱顿·克里斯坦森的著作《创新者的窘境》（伊豆原弓译，翔泳社出版）中的一段话来提醒员工：讽刺的是，一时的成功反而会成为日后衰落的导火索。他一再对员工重复这段话，并强调道：“我们曾因自满和过度自信而失败，希望往后不再重蹈覆辙。”

冈藤表示：“我认为公司都在做相似的事情。我们也不例外，因此，我正在加以规劝。虽然现在公司的业绩很好，但不久前还是一团糟。其他公司目睹伊藤忠夺取桂冠后，肯定会比以前更加铆足了劲，竞争也更加激烈。我们随时都有可能一夜回到解放前。深入现场是商人之道。如果是财阀系商社那样有底气的公司还好说，我们这种商社，如果像他们那样做很快就会垮台。虽然大众不曾知晓伊藤忠商事那段艰难的时期，但我们绝不能忘记。”

冈藤既不过于自信，也不骄傲自满。实际上，他并不认为行业第一的头衔意义重大。他看重的是顾客。他相信通过关注客户需求、以市场为导向开展业务，伊藤忠商事就能走得长久。与此相对，冈藤从心底里厌恶“产品导向”思维，换句话说，就是讨厌“我挖掘的这个产品就是最好的，都来买它”的傲慢态度。

在伊藤忠商事提倡的“盈利、削减、防范”中，冈藤最为注重“防范”。现在的伊藤忠经营风格可以一句话概括为“防范性经营”。冈藤点了点头说：“你说得没错。”

“当我接到社长的任命时，嗯，并没有觉得高兴。我人在大阪，也从未在东京总部工作过，所以，社长之位对我来说是一个遥不可及的存在。它在遥远的彼方，而我也从未对此有过向往。‘成为社长？我哪能做得到呀，真是不得了了’，这才是我内心的想法。太突然了，我不知道该学些什么，也不了解社长的职责。但时间却越来越紧迫。

在我就任社长之前，曾看过包括我们在内的五大商社的财务报表。怀着探索的心查看的，突然间注意到伊藤忠商事的毛利勉强在上位圈。毛利，也就是销售总利润还算不错，但营业利润又有所降低。其原因是经费高。我继续往下看，发现还存在很多非常损失，一年达到数百亿日元。最终，伊藤忠的净利润在商社中排到了第 4。我开始思考这个问题该如何解决。”

“销售额方面是赚的，因此得削减经费。这便是‘盈利、削减、防范’中所说的‘削减’。但这还不够，我们还要防止产生非常损失。非常损失的内容多样，且集中发生在子公司。因此我们要将其消除。这便是‘防范’。当时的这些认识成就了现在的伊藤忠商事。我既没有那么聪明，也没有学习过经营。不过是在为就任社长而感到焦虑，寻求解决办法之时，注意到了经费和非常损失的问题。‘盈利、削减、防范’便是由此发展而来。上任后，我来到东京，想要立即贯彻‘盈利、削减、防范’的理念，但起初大家并不听从我的安排，好像在想‘你在说些什么啊？’‘这个新社长说的话好像有点土里土气的’之类。在他们看来，经营应该是更加洋气的东西，还有很多更帅气的词汇可以用，如选择和集中等。然而，我说的却是‘盈利、削减、防范’。我别无选择，只能一点一点地实施。”

冈藤通过审视财务报表察觉到了伊藤忠商事蕴含的潜力，分析后认为其有可能成为行业顶尖。然而，他知道刚上任的新社长如果立即提出“成为行业第一”的目标，可能没有人会支持。因此，他循序渐进地拔高目标。

从“非资源领域 NO.1 商社”“打入商社前三强”到“商社二强时代”，逐步升级，最后传达“实现三冠王”的目标。这样，每个员工都会坚定地认为能够实现目标。这是一种巧妙的目标设定，也是一种经营智慧。而所有这些都是因为他决定“防范”。

他继续说：“我一直以来都深知‘防范’的重要性。伊藤忠商事的员工在设定好一个目标后，会不顾一切地往前冲，不善于中途停下脚步。伊藤忠商事会遭受亏损，是因为目标设定得好，但没有配套的战术，没有考虑‘防范’，只是一味‘猛冲’，从而导致非常损失。因此，我决定注重‘防范’，在保证亏损不扩大的情况下盈利。比方说我们要仔细审查合同条件，以便发生问题时也能够顺利解决。我在从事纺织品许可证业务时有过切身感受，因此，我会对项目合同以及条件进行严格把关。与其在问题发生后想办法解决，不如在问题发生之前采取预防措施，这样可以节省大量的劳力、时间和成本。总之，我非常重视‘防范’。”

伊藤忠在中国的投资

冈藤正广的“防范”经营理念在他 2014 年至 2015 年对泰国和中国的巨额投资中体现得淋漓尽致。他当时解释说：“我们应该瞄准的地区是亚洲，特别是人口增长、市场扩大的中国。为此，需要一个实力雄厚的当地合作伙伴。于是我们决定与泰国正大集团（CP）和中国中信集团（CITIC）进行资本合作。正大集团拥有在东南亚各国和中国开展业务的能力。而中信集团在中国有丰富的经验和信誉，且具备充足的资金。财阀系商社之所以能在资源领域发展壮大，是因为它们与电力公司等客户建立了合作。而我们伊藤忠商事不具备这样的条件。相反，我们决定同在生活消费领域拥有专业技能的公司合作。”

事情的经过是这样的：在 2014 年，伊藤忠与泰国财阀企业正大集团（Charoen Pokphand Group，CP Group）展开业务、资本的合作。正大集团始于出身中国的谢氏一族在曼谷开设的一家小型种苗店。他们将业务范围扩展至家畜饲料生产、农畜产品、食品、电信、流通、金融、制药等多个领域，并取得了全面的成功。目前，他们已经进入东盟全区，以及中国、欧洲各国的市场。

如今，正大集团的营业额约为 9.2 万亿日元，相当于泰国国家预算的四分之三，拥有约 45 万名员工，业务遍及全球 100 多个国家和地区。作为其核心业务的饲料事业被认为是世界最大级的事业规模。正大集团牢牢扎根于中国市场：在中国设立旗下企业 600 多家，下属企业遍布除西藏以外的中国所有省份；正大集团（Chia Tai Group）之名为中国人熟知，是中国最大的外资企业集团，也是与中国政府关系最为密切的外资。

两家公司合作后，正大集团目前持有伊藤忠约 5% 的股份，是伊藤忠的第四大股东。同时，伊藤忠收购了正大集团核心公司 C.P. Pokphand Co.Ltd.（以下简称 CPP）25% 的股份，成为正大集团的大股东。由于 CPP 成了伊藤忠商事的权益法适用关联公司，伊藤忠商事可以获得 25% 的净利润。当然，如果 CPP 遭受亏损，伊藤忠也将承担相应的投资亏损。

数据显示，2020 年伊藤忠从 CPP 获得了 402 亿日元的巨额利润。在伊藤忠的关联企业（不包括资源相关）中，这是第二高的利润额。换言之，伊藤忠商事在与正大集团的业务合作中获利颇丰。2015 年，伊藤忠商事与正大集团对半出资，以总计约 1.2 万亿日元的价格收购了中国最大综合企业中信集团 20% 的股份。

中信集团是一家由中国政府实际管控的国有企业，在中国及海外开展包括金融事业、资源能源相关事业、制造业、工程技术、房地产事业等横跨多界的事业。重要的是它是一家国有企业，在中国市场有着强大的竞争力。而伊藤忠商事可以得到中信集团合并净利润的 10%。

对中信集团的 6000 亿日元投资是伊藤忠商事有史以来出资的最大金额，也是冈藤所做的最重大的一项决策。在 2020 年度伊藤忠从中获得了 725 亿日元的投资收益，与对正大集团的投资相比有着更高的回报。必须综合中国和泰国两地的投资收益来考虑对中信集团的投资问题。

2022 年 3 月，进入俄罗斯市场的日本企业受到俄乌冲突的影响，被迫停业。丰田公司暂停了其位于俄罗斯工厂的运营，优衣库、丸龟制面等品牌的俄罗斯分店也纷纷停业。伊藤忠商事在俄罗斯萨哈林岛的原油、天然气项目中持有权益。该项目被称为萨哈林 1 号，与萨哈林 2 号同属位于萨哈林东北海岸的一个大型开发项目。该项目由美国、俄罗斯、印度和日本共同出资。其中，持有 30% 股份的美国石油巨头埃克森美孚已决定退出，截至 2022 年 9 月，尚未确定接手的企业。俄罗斯的一家国有能源公司，持有约 20% 的股份。印度国企石油天然气公司紧随其后，持股 20%。日本团队以“萨哈林石油与天然气开发公司（SOCECO）”为组织，共持股 30%，出资方包括伊藤忠商事、丸红、日本石油资源开发公共企业等。萨哈林 1 号项目中日本政府参与的程度要高于 2 号项目。日本政府已表示不会退出萨哈林 1 号和 2 号项目。

和平是开展业务的必要条件。然而，一旦发生战争，即使是业务遍布世界各地的全球化企业也无法将其阻止。每当看到这些悲惨的画面，经营者们都会深感自己的软弱无力。这就是战争带来的现实。面对这一现实，企业经营者只能看清形势，选择生存之道。

关爱员工家属制度的导入

再次回顾各媒体在2022年初发布的“今年的展望”会发现，所有媒体所讨论的唯一话题是：新冠疫情何时会结束。全日本的媒体都没有料到俄罗斯会在2月底与乌克兰发生冲突。目前看来，没有平息的迹象，受到冲突的影响，不仅仅是资源，各种物价都在上涨，与此同时日元也在持续贬值。

世界的“不确定性”越来越多。各行各业的领袖，还有那些对未来做出预测的人，究竟该从哪里获得可靠的信息？在一个未来不再明朗的时代，明确的消息又将在何处寻得？

那么，综合商社伊藤忠将如何应对这些风险呢？冈藤断言：“只要商社面向的是全球市场，风险就永远不会消失。伊藤忠商事对风险进行管理，防止出现致命性风险。但风险依然存在，我们无法避免一些突发事件。我们正在为俄乌冲突可能带来的最坏风险做准备。但就算存在风险，我们也不会停止在全球开展业务，而是权衡着进行。俄乌冲突将对全球经济产生巨大影响。那么，5年后世界会变成什么样呢？现在谁都说不清楚。花数天时间讨论这个问题毫无意义。最近，在一年一度的特别经营会议上我对海外当地法人们说：‘制定计划是很有必要的。但不必花费太多时间去做详细计划。’假设你要驾车去旅行，去往目的地之前，你要确定一条大致的路线，避开可能会拥堵的道路。出发后，如果中途发生变故，也可以灵活调整路线。我们需要计划。可以尽量根据现下能收集到的数据进行预测，但无须耗费太多时间将其精细化。最终的目的是‘防范’，也就是在防范的基础上开展事业投资。”

就像萨哈林 1 号项目，伊藤忠商事不可能自己做出决定并独自退出项目。所以他们做好最坏的打算并继续参与下去。至于中信集团的投资项目，他们选择与正大集团对半出资，已然是做好了“防范”。虽然一直强调对中信集团的投资达到伊藤忠史上最高额这一点，但我们应该注意到这是同对正大的投资相得益彰的。如果伊藤忠独立投资，所有风险都将由他们承担，但与正大集团合作的话风险就会减半，这就是一种“盈利”与“防范”兼具的投资。

冈藤表示：“重要的是始终以市场为导向。”“我们始终迎合着客户的需求而变化。日本市场乃至全球市场都在不断变化，所以，我一直在关注市场。然而，如果按照过去商社的结构，即使捕捉到了市场的变化，也很难做出改变。这是因为商社是以商品为轴的纵向组织。明明市场和客户都在变化，但因为自己负责的是咖啡，那么脑海中就只能想到咖啡，如果负责的是煤炭，就只会想着煤炭。‘煤炭产业会衰落吗？不，绝对不会的。’像这样，很容易掉进思维的陷阱。这便是难点所在。我们需要根据客户的变化做出调整，但组织结构却不允许。因此，我们决定创建一个新的组织——第8公司，用来提高市场敏感度。”

所以，第8公司不仅是为了开发全家的周边业务，还是为建立一个能够灵活应对变化的非纵向组织而成立的。冈藤这位经营者非常谨慎，甚至算得上是胆小。比起赚钱，他在防范方面下了更大的功夫，并且他非常认真。他每天一大早就去上班，仔细阅读文件，还会走访集团旗下各个子公司。他削减公司的开支，并将省下来的资金用于提高员工生活水平和改善劳动环境。

“确保因癌症去世的员工配偶会被集团雇用。”“无论人数，资助因癌症去世的员工子女研究生阶段前的教育。”不仅仅是员工，连员工的家人都照顾到，能做出如此决策的经营者，放眼商社之外都找不到第二个了。他成为经营高层已经过去了12年，作为会长CEO，他肩负着经营的重担，同时还承担了向社长、董事、员工传授有关综合商社经营知识的角色。

冈藤用人们感到有趣且亲切的小故事来讲述经营，与大阪方言相得益彰，他所说的话温暖又易懂，没有一丝权威主义的冰冷。他一边思考着听众的感受，一边将自己的话娓娓道来。冈藤教导手下的董事和关联公司的干部经营之道，同时，他也在不断学习。因为他十分热爱学习，即便是面对来采访的记者，也会试图学习对方的长处。

他在教导他人经营法则的同时，也能从他人身上汲取经验。最好的老师善于教，也善于学。关于伊藤忠商事的未来，冈藤用农业打比方这样说道："即使改良品种，使用优质肥料，在有限的耕地内产量的增加也会受限。恶劣天气导致意外歉收的风险也很高。因此，有时我们需要开垦农田，扩展新的'面'，然后播下各类种子。一开始这片土地可能布满了石子，或是十分贫瘠。但我相信，只要我们心怀对未来的希望，耐心钻研、勤劳肯干，努力地培育，它最终一定会成为一片沃土，结出丰硕的果实。这样的道理对我司业务也同样适用，通过对有前景的项目进行商业投资，利用我们作为综合商社所能运用的各种经营手段，不断提升被投资方的企业价值，从而收获业绩的增长和投资回报，这便是我们实现盈利持续增长的途径。"

第一代忠兵卫之所以能够奠定伊藤忠商事的基础，并非通过推出新产品，而是发挥自身地缘优势，利用琵琶湖和濑户内海的水路，向九州北部扩张，在那儿开拓了市场。当时，商品价格以下关为界存在明显的差异，将货物从近畿运往九州可获得相当大的利润。忠兵卫倡导的是胆识与行动力。在赚钱的同时，忠兵卫还请员工们吃寿喜烧，节日会放假，与员工们共酌。

在150年后，冈藤提出将品牌的概念引入西装面料中，开拓出新市场。这便是他的创举。成为经营高层后，冈藤通过“防范性经营”削减了非常损失，且改善了员工的工作环境。他将伊藤忠商事打造成了集结着专业商人的集团。

伊藤忠

尾章

赏花与祭祀

每年为公司创始人扫墓祭奠

自上任社长的第二年（2011年）起，冈藤正广每年都为初代伊藤忠兵卫扫墓，从未缺席。墓地位于京都东山区的大谷本庙。那里是净土真宗本愿寺派的本山、本愿寺所属的墓地，宗祖亲鸾的墓所也位于此。冈藤在墓前合掌，向初代忠兵卫报告伊藤忠商事的业绩。这时，他忽而好奇初代忠兵卫是怎样的一个人。

"在忠兵卫先生创办伊藤忠时，公司还只是一家小商店。与其说是经营者，忠兵卫先生更像是一位商店老板，那么，今天的我们则类似于店里的伙计。那时，他和同伴一起开商店，做着吴服的小买卖。与三井、三菱等政商相比，可以说是一个天上一个地下。而如今100多年过去了，大家共同努力走到了今天的地位，我想忠兵卫先生应该会感到十分欣慰，夸赞我们'你们干得真不错'吧。"

他用平民化的语言讲述着这些。简而言之，他想要传达出他们自身也都是普通人，做着小买卖，每天勤恳地工作，想要过上幸福的生活。可以说，冈藤是一位单纯追求幸福的人。他所关注的既不是政界也不是财界，而是顾客和员工，希望能为他们尽自己的最大努力。此外，对集团内子公司，他也保持着密切关注，这是因为综合商社的工作性质发生了转变。自从事业投资成为主要业务，且总公司与子公司共同结算以来，经营高层不仅要负责提高伊藤忠总部的业绩，还要对其关联公司的业绩负责。总部的经营高层必须了解关联公司的工作内容、业绩，乃至干部的情况，并给出建议。

从纺织、食品，再到资源、能源、IT、娱乐……一个人不可能具备所有这些领域的知识。关于这方面，冈藤是这样想的。他会查看关联公司的相关数据和业绩，但细节问题则留给财务总监（CFO）领导的团队来处理。相应地，冈藤负责看人。他记住各个关联公司负责人的名字，并亲自去现场，设宴聚餐，甚至连接待前的准备都是他亲力亲为。在这里插入一个体现冈藤个性的逸事。

“集团子公司重要到什么程度呢？我平时会亲自招待子公司旗下主要公司的社长和干部一起打高尔夫球。这天我不仅会设置豪华奖品，举办慰劳宴，甚至会置办好便当，让他们带回家给妻子。对于规模较大的公司，我会邀请 20 个人，大概分成 5 组来打高尔夫球赛。选择好适宜的场地打快速赛。等比赛结束后，又回到东京都内的餐厅用餐，最后会颁发豪华奖品。每年春天，我都会举办 6 到 7 次这样的活动，届时我自己也会出席。奖品也是我选的。因为其中肯定会有不太擅长打高尔夫的人，他们在这些比赛中得不到奖品。这样怪可怜的，所以我还会给不擅长的人颁发奖品。倒数第二与正数第二的奖品一样，而最后一名得到的奖品与冠军相同。像这样，公司高层要事无巨细地考虑各个方面。这便是接待之道。我的接待之道同样也是‘市场导向’的，我会去关注不擅长的人，并主动换位思考。

你去参加高尔夫球比赛就会明白，基本上在比赛前就能预料到谁会是最后一名。这些人来参加比赛，却什么奖品都捞不着。可能他们实际上并不想来，只是迫于工作才来参加的。只是过来凑个人头似的，这样也太惨了。所以，我来主办的话，就会给最后一名和倒数第二名准备豪华奖品。这是一种鼓励他们的方式，而且他们会因为这种方式而感到高兴。有生以来第一次因为打高尔夫而得到奖品，从而很是欣喜。然后从第二天开始，他们就会非常努力地工作。公司盈利的话，伊藤忠商事也受益。我正在做的这些也许和忠兵卫先生请员工吃牛肉，带他们赏花、过节是一个性质的吧。”

冈藤目不转睛地看着前方说。他眼神坚定，眼睛睁得大大的，一眨不眨，还带着一丝笑意，几乎算得上是一种挑战。他明白自己当上社长后应该做什么，他也正是这样做的。我相信，第一代伊藤忠兵卫带着麻布乘船前往九州的时候，他也是这样目光炯炯，带着同样的微笑！

（注）文中出现的部名以及职位名称均以采访当时

为准。

协助采访人员名单（敬称略，按照五十音顺排序）：

金井诚、岩田宪司、冈藤正广、加藤修一、国松孝次、小林荣三、小林武人、小林文彦、下田祥朗、高梨圭司、野吕 Eishirou、钵村刚、原田和典、东山英一郎、堀内真人、三泽宽人、水野德太郎、山田惠公

参考资料

《信长（信長）》秋山骏 新潮文库

《从近江重读日本史（近江から日本史を読み直す）》今谷明 讲谈社现代新书

《士兵们的陆军史（兵隊たちの陸軍史）》伊藤桂一 新潮选书

《没有人记得“战后”（誰も「戦後」を覚えていない）》鸭下信一 文春新书

《沉默的档案——“濑岛龙三”究竟为何人？（沈黙のファイル「瀬島龍三」とは何だったのか）》共同通信社社会部 新潮文库

《令人不可思议的综合商社（ふしぎな総合商社）》小林敬幸 讲谈社 +α 新书

《次协调的世界（パラコンシステント・ワールド）》泽田纯 NNT 出版

《上街去 24：近江散步、奈良散步（街道をゆく 24 近江散歩、奈良散歩）》司马辽太郎 朝日文库

《坂本龙马（竜馬がゆく）》全 8 卷 司马辽太郎 文春文库

《鼠 铃木商店放火事件（鼠　鈴木商店焼打ち事件）》城山三郎 文春文库
《濑岛龙三回想录·几山河（幾山河　瀬島龍三回想録）》濑岛龙三 产经新闻报道
《商战（商戦）》高原友生 中央公论新社
《综合商社研究（総合商社の研究）》田中隆之 东洋经济新报社
《昭和史讲义（昭和史講義）》战后篇上下 筒井清忠编 筑摩新书
《“共同体”资本论（コミュニティー·キャピタル論）》西口敏宏 辻田素子 光文社新书
《公司将会消失！（会社がなくなる！）》丹羽宇一郎 讲谈社现代新书
《工作造就人（人は仕事で磨かれる）》丹羽宇一郎 文春文库
《战后日本经济史（戦後日本経済史）》野口悠纪雄 新潮选书
《日本掉出发达国家行列之日（日本が先進国から脱落する日）》野口悠纪雄 PRESIDENT 社
《1940 体制（1940 年体制）》野口悠纪雄 东洋经济新报社
《1995 年（1995 年）》速水健朗 筑摩新书
《昭和史 战后篇（昭和史 戦後篇）》半藤一利 平凡社

Library
《战后日本史（戦後日本史）》福井绅一 讲谈社 +α 文库
《濑岛龙三 参谋的昭和史（瀬島龍三　参謀の昭和史）》保阪正康 文春文库
《物流的世界史（物流の世界史）》马克・莱文森 （Marc Levinson） 田边希久子译 钻石社
《深入解析！综合商社的动向与战略机制（総合商社の動向とカラクリがよ～くわかる本）》丸红经济研究所 秀和 system
《现代综合商社论（現代総合商社論）》三菱商事株式会社编 早稻田大学出版部
《时差就是金钱（時差は金なり）》三菱商事株式会社宣传部 simul 出版会
《豪商列传（豪商列伝）》宫本又次 讲谈社学术文库
《食物的社会史（食の社会史）》茂木信太郎 创成社
《一个下级军官眼中的帝国陆军（一下級将校の見た帝国陸軍）》山本七平 文春文库
《昭和天皇的终战史（昭和天皇の終戦史）》吉田裕 岩波新书
《日本的军队（日本の軍隊）》吉田裕 岩波新书
《平成史讲义（平成史講義）》吉见俊哉编 筑摩新书
《漂流记的魅力（漂流記の魅力）》吉村昭 新潮新书
《昭和史全记录（昭和：二万日の全記録）》全 19 卷 讲